民国国学文库
MIN GUO GUO XUE WEN KU

# 后汉书

HOU HAN SHU

庄 适 选注
王文晖 校订

长江出版传媒 | 崇文书局

**图书在版编目(CIP)数据**

后汉书 / 庄适选注;王文晖校订. —武汉:崇文书局,
2014.8(2023.1重印)

(民国国学文库)

ISBN 978-7-5403-3440-6

Ⅰ. ①后… Ⅱ. ①庄… ②王… Ⅲ. ①中国历史－东汉时代－纪传
体 Ⅳ. ①K234.204.2

中国版本图书馆 CIP 数据核字(2014)第 135403 号

---

民国国学文库 后汉书

MINGUO GUOXUE WENKU HOU HAN SHU

出版发行:崇文书局

地 址:武汉市雄楚大街 268 号 C 座 11 层

印 刷:湖北画中画印刷有限公司

开 本:880mm×1230mm 1/32

印 张:5.875

版 次:2014 年 8 月第 1 版

印 次:2023 年 1 月第 2 次印刷

定 价:29.80 元

# 总 序

冯天瑜

作为汉字古典词，"国学"本谓周朝设于王城及诸侯国都的贵族学校，以与地方性、基层性的"乡校""私学"相对应。隋唐以降实行科举制，朝廷设"国子监"，又称"国子学"，简称"国学"，有朝廷主持的国家学术之意。

时至近代，随着西学东渐的展开，与来自西洋的"西学"相比配，在汉字文化圈又有特指本国固有学术文化的"国学"一名出现。如江户幕府时期（1601—1867）的日本人，自18世纪起，把流行的学问归为三类：汉学（从中国传入）、兰学（从欧美传入，19世纪扩称洋学）、国学（从《古事记》《日本书纪》发展而来的日本固有学术）。19世纪末、20世纪初，中国留日学生与入日政治流亡者，以及活动于上海等地的学人，采借日本已经沿用百余年的"国学"一名，用指中国固有的学术文化。1902年梁启超（1873—1929）撰文，以"国学"与"外学"对应，强调二者的互动共济，梁氏曰："今日欲使外学之真精神普及于祖国，则当转输之任者，必邃于国学，然后能收其效。"（《论中国学术思想变迁之大势》）1905年国粹派在上海创办《国粹学报》，公示"发明国学，保存国粹"宗旨。这里的"国学"意为"国粹之学"。该刊发表章太炎（1869—1936）、刘师培（1884—1920）、陈去病（1874—1933）等人的经学、史学、诸子学、文字训诂方面文章，以资激励汉人的民族精神与文化自信。从此，中国人开始在"中国固有学术文化"意义上使用"国学"一词，为"国故之学"的简称。所谓"国故"，指中国传统的学术文化之故实，此前清人多有用例，如魏源（1794—1857）认为，学者不应迷恋词章，学问要从"讨朝章、讨国故始"（《圣武记》卷一一），这"讨国故"的学问，也就是后来所谓之国学。

经清末民初诸学者（章太炎、梁启超、罗振玉、王国维、刘师培、黄侃、陈寅恪等）阐发和研究，国学所涉领域大定为：小学、经学、史学、诸子、文学，约与现代人文学的文、史、哲相当而又加以综汇，突现了中国固有学术整体性特征，可与现代学校的分科教学相得益彰、彼此促进，故自20世纪初叶以来，"国学"在中国于起伏跌宕间运行百年，多以偏师出现，而时下又恰逢勃兴之际。

中国学术素有"文、史、哲不分家"的传统，中国学术的优势与缺陷皆与此传统相关。百年来的中国学校教育仿效近代西方学术体制，高度分科化，利弊互见。其利是促进分科之学的发展，其弊是强为分割知识。为克服破碎大道之弊，有人主张打通文、史、哲壁垒，于是便有综汇中国人文学的"国学"之创设，并编纂教材，进于学校教育、家庭教育、社会教育，其先导性教材结集，为20世纪20年代至30年代原商务印书馆由王云五策划并担任主编的《万有文库》之子系《学生国学文库》。所收均为四部重要著作。略举大凡：经部如诗、礼、春秋，史部如史、汉、五代，子部如庄、孟、荀、韩，并皆刊入；文辞则上溯汉、魏，下迄近代，诗歌则陶、谢、李、杜，均有单本，词则多采五代、两宋。丛书凡60册，已然囊括了"国学"之精粹。其鲜明之特色是选注者掺入了对原著的体味，经史诸书选辑各篇，以表见其书、其作家之思想精神、文学技术、历史脉络者为准。其无关宏旨者，概从删削、剔抉。选注者中不乏叶圣陶、茅盾、邹韬奋、傅东华这样的学界翘楚。他们对传统国学了然于胸，于选注自然是举重若轻，驾轻就熟。这样一份业经选注者消化、反刍的国学精神食粮自然更便于国学入门者吸收。

这样一套曾在20世纪初在传播传统文化、普及国学知识方面起到重要作用的丛书即便今天来看也是历久弥新。崇文书局因应时势，邀约深谙国学之行家里手于原辑适当删减、合并、校勘，以30册300余万言，易名《民国国学文库》呈献当今学子。诸书均分段落，作标点，繁难字加注音，以便省览。诸书原均有注释，古籍异释纷如，原已采其较长者，现做适当取舍、增删。诸书较为繁难、多音多义之字，均注现代汉语拼音，以便讽诵。诸书卷首，均有选注者序，述作者生平、本书概要、参考书举要等，凡所以示读者研究门径者，不厌其详，现一仍其旧。

这样一套入门的国学读物，读者苟能熟读而较之，冥默而求之，国学之精要自然神会。

是为序。

# 校订说明

丛书原名《学生国学文库》，为20世纪二三十年代商务印书馆王云五主编《万有文库》之子系，为突显其时代印记现易名为《民国国学文库》，奉献给广大国学爱好者。

原丛书共60种，考虑到难易程度、四部平衡、篇幅等因素，在广泛征求专家意见基础上，现删减为34种30册，基本保留了原书的篇章结构。因应时势有极少量的删节。

原文部分，均选用通用、权威版本全文校核，参以校订者己见做了必要的校核和改订。为阅读的通顺、便利，未一一标注版本出处。

注释根据原文的结构分别采用段后注、文后注，以便读者省览。原注作了适当增删，基本上保持原文字风格，之乎者也等虚词适当剔除，增删力求通畅、易懂，避免枝蔓。典实、注引做了力所能及的查证，但因才学有限疏漏可能在所难免。

原书为繁体竖排，现转简体横排。简化按通行规则，但考虑到作为国学读物，普及小学知识亦在情理之中，故而保留了少量通假字、繁体字、异体字，一般都出注说明，或许亦可增加读者的阅读兴趣和扩大知识面。

生僻、多音字作相应注音，原反切、同音、魏妥玛注音，均统一改现代汉语拼音。

国学读物校订，工作浩繁，往往顾此失彼，多有不当处，还望读者指正。

丛书校订工作由余欣然统筹。

# 绪 言

　　《后汉书》是南北朝时宋范晔所作。据《宋书》晔本传：晔，字蔚宗，少好学，博涉经史，善为文章；先为尚书吏部郎，以罪降宣城太守，不得志，乃删众家《后汉书》为一家之作；后为左卫将军太子詹事，和散骑侍郎孔熙先连结，欲奉武帝子义康作乱，事觉，熙先被诛，晔亦死。晔一生事略，大概如此。现在不说他事，只说他的《后汉书》。

　　《后汉书》的批评，好坏不一。范犯罪下狱，从狱中与甥侄书，说及此书，很是自负，梁沈约说他的话"并实"。梁刘昭说他此书胜过诸家。唐刘知几称范书："简而且周，疏而不漏。"清王先谦说他"比类精审，属词丽密，极才人之能事"。那都是说好他的。至于说坏他的，宋晁说之说他采集不当，有失史体。翟汝文说："范书冗陋。"清王鸣盛说他叙事颠倒，错杂眩目。何焯说他有些地方纪载琐屑，不合史裁。此外说好说坏的还有好多家，不能统统记下。那么范书到底算好的呢，还是坏的呢？平心而论，从他枝节上苛求，诚然有不妥当的地方，从他大体上评判，实在是有价值的作品；况且诸家论调，说坏的大抵是片面的话头，对于本书全部，多半是说好的，所以范书可当作好书看。

　　范书体例：《光武纪》开首就称光武；《齐武王缜传》

不称名而称字伯升；各传不拘时代，第就其人的生平，以类编次；凡不能独立一传的，附见在他传的后面：这都是仿照马班的办法。但是范氏著书的宗旨，重风节，轻爵位，很不以班氏父子排死节，否正直，不叙杀身成仁之美为然，所以往往有位至三公，不为立传，而独标瑰行奇节的人，如《党锢》《独行》《逸民》等传，都是表示他意旨的所在。他的意思，无非要矫正班氏的错误。其他如胡广之贪位惧祸，党恶误国，传文表面上很是褒崇，而字里行间，冷嘲热讽，非常刻毒，用笔和《史记》传平津叔孙，《前汉书》传张禹孔光，正复相同。须知范书以前，如谢承《后汉书》，薛莹《后汉纪》，司马彪《续汉书》，华峤《汉后书》，谢沈《后汉书》，袁山松《后汉书》等，和范书类似的作品很多，为什么都湮没不彰，只范书和马、班同传呢？这便是为诸家作史的能力，都比不上范氏的缘故。

范书中的《党锢》《独行》《逸民》等传，都是他的创作，并且是原书的大特色。此外又专为皇后作纪，晁说之以为前此史书所未有，说他不应当。何焯说，东京皇后，临朝者六，范氏作纪，为得其实，自合史家之变，后人不必仿效。清陈浩谓吕后有纪，见于前书，皇后纪并非范氏所创。清钱大昕也说，晋书称华峤作《汉后书》，中有帝纪十二卷，皇后纪二卷，峤以皇后配天作合，不能与他人相提并论，所以改作纪，次帝纪之下，是皇后纪乃峤自出新意，范特仍之。史书为皇后作纪，不能归罪于范，即使是范创作，也为着后汉的情势不同，不能说坏他了。

可是一层，将范氏的本领，和马、班比较，史才固然差不多，文才到底不如他们，因此我们用文学的眼光去选辑史书，范书中可选的材料，比《史记》《前汉书》少。现在舍短取长，精心抉择，专就文笔优长，兴趣浓厚的拣选，一共选得二十篇：选《光武帝纪》可知汉室怎样光复起来；选《马后纪》给后来诸后临朝专政宠任外戚作反照；选《齐武王缜传》以著光复汉室的首功者；选《马援传》作武臣的模范；选《郑玄传》作经师的表率；选《胡广传》以见范氏的史才；选《班超传》著东汉开边的事实；《黄宪传》能见范氏的文才；《申屠蟠传》所以称高节；《臧洪传》可表义烈；《陈寔传》足扬名德；吏治选《吴祐・仇览传》；党锢选《范滂・贾彪传》；独行选《范式・范冉传》；逸民选《严光传》；列女选《乐羊子妻》和《董祀妻》。虽只寥寥二十篇，却已备具全书的体裁，略见作者的才识和东京一代的事迹。此外凡不合本丛书选辑的宗旨，在读者方面又不能感起兴味的，都从割爱。

又本丛书所选文字，本不删节，本书系历史书，有些是记账式，不可不略为变通，因此《光武帝纪》及《齐武王缜传》《班超传》等篇，都有剪裁，而用……的符号去标明他；《董祀妻传》为免文字重复起见，也引用此例。至《光武帝纪》所选各段，有四个主要点，也趁便在此一说：一、创业；二、削平群雄；三、改革制度；四、外夷归服。

　　以上各节，于范氏的略历，范书和要点，和本书的编法及旨趣，大致都已说明，读者得此，似乎可略得研究范书和门径了。

庄适

1925 年 11 月 15 日

# 目　录

# 光武帝纪

　　世祖光武皇帝①，讳秀，字文叔②，南阳蔡阳人③，高祖九世之孙也。出自景帝生长沙定王发④，发生舂陵节侯买⑤，买生郁林太守外⑥，外生巨鹿都尉回⑦，回生南顿令钦⑧，钦生光武。光武年九岁而孤，养于叔父良⑨。身长七尺三寸，美须眉，大口，隆准，日角⑩。性勤于稼穑⑪；而兄伯升好侠养士，常非笑光武事田业，比之高祖兄仲⑫。王莽天凤中⑬，乃之长安，受《尚书》⑭，略通大义。莽末，天下连岁灾蝗，寇盗锋⑮起。地皇⑯三年，南阳荒饥，诸家宾客多为小盗，光武避吏新野⑰，因卖谷于宛⑱。宛人李通等⑲，以图谶⑳说光武云："刘氏复起，李氏为辅。"光武初不敢当，然独念兄伯升素结轻客㉑，必举大事，且王莽败亡已兆，天下方乱，遂与定谋。于是乃市兵弩。十月，与李通从弟轶等㉒起于宛，时年二十八。十一月，有星孛于张㉓。光武遂将宾客还舂陵。时伯升已会众起兵。初，诸家子弟恐惧，皆亡逃自匿，曰"伯升杀我"。及见光武绛衣大冠㉔，皆惊㉕曰"谨厚者亦复为之"㉖，乃稍自安。伯升于是招新市、平林兵，与其帅王凤、陈牧西击长聚㉗。光武初骑牛，杀新野尉㉘，乃得马。进屠唐子乡㉙。又杀湖阳尉㉚。军中分财物不均，众恚㉛恨，欲反攻诸刘。光武敛宗人所得物，悉以与之，众乃悦。进拔棘阳㉜。与王莽前队大夫甄阜、属正梁丘赐战于小长安㉝，汉军大败，还保棘阳。

--------------------------------

①《礼》："祖有功而宗有德。"光武中兴汉室，故庙号世祖。光武，世祖谥。《谥法》："能绍前业曰光，克定祸乱曰武。"　　②光武行三，故字文叔。　　③南阳：秦郡，汉属荆州，今湖北河南皆有地属之。蔡阳：汉县，故城在今湖北枣阳市西南。　　④谓出自景帝所生子长沙定王发。景帝：前汉文帝之子，名启。长沙：秦置郡，汉为国，地域包括今湖南全省。定：发之谥。　　⑤春陵：乡名，在今湖北枣阳市东。刘秀称帝后，改为章陵县。节：买之谥。　　⑥郁林：汉郡，故城在今广西桂平县东。太守：一郡之长，秩二千石。　　⑦巨鹿：秦置郡，今隶属河北邢台。都尉：郡将之官。战国始置，位次于将军的武官。⑧南顿：汉县，故城在今河南项城市北。令：秦官，万户以上者之称，秩六百石至千石。　　⑨良：字次伯，封于赵，为赵孝王。　　⑩隆：高也。鼻头为准。日角：中庭骨起，状如日。⑪种曰稼，敛曰穑。　　⑫仲：高祖兄喜，封郃阳侯，能为产业。　　⑬王莽：字巨君，前汉元帝皇后之侄；篡汉位，国号新。莽篡汉，先以建国为年号，凡五年，改元天凤。　　⑭汉都长安，其时受学者皆赴京师。　　⑮锋：古与"蜂"通。　　⑯莽天凤六年之次年，改元地皇。　　⑰伯升宾客劫人，光武避吏于新野邓晨家。新野：县名，今属河南。　　⑱宛：秦县，今河南南阳治。　　⑲李通：字次元，一作伯玉，娶光武之妹伯姬，为中

兴功臣之一。 ⑳谶（chèn）：图谶，占验之书。 ㉑轻客：剽轻之客。 ㉒轶：通堂弟，字季文。 ㉓孛：彗星名。张：南方宿，为周地。孛于张：其星东南行，乃楚地，象楚地将有兵乱。后一年，光武攻南阳，斩王莽将甄阜、梁丘赐，杀士众数万，旋建都于周地洛阳，盖除秽布新之象。 ㉔绛衣大冠：将军服饰。 ㉕出于意外，故惊。 ㉖光武素慎重，故称为谨厚者。 ㉗新市、平林接界。王凤，新市人；陈牧，平林人。皆起兵，伯升诱致之，参阅《齐武王缜传》及注。长聚：聚名，参阅《齐武王缜传》注。 ㉘尉：秦官，秩二百石至四百石。 ㉙唐子乡：详《齐武王缜传》注。 ㉚湖阳：汉县，故城在今河南唐河县南。 ㉛恚（huì）：怨怒。 ㉜棘阳：汉县，在今河南新野东。 ㉝前队大夫、属正、小长安，皆见《齐武王缜传》注。

更始①元年正月甲子朔，汉军复与甄阜、梁丘赐战于沘水②西，大破之，斩阜、赐。伯升又破王莽纳言将军严尤、秩宗将军陈茂于淯阳③，进围宛城。二月辛巳，立刘圣公④为天子，以伯升为大司徒⑤，光武为太常偏将军⑥。三月，光武别与诸将徇昆阳、定陵、郾⑦，皆下之。多得牛马、财物，谷数十万斛，转以馈宛下⑧。莽闻阜、赐死，汉帝立，大惧，遣大司徒王寻、大司空⑨王邑将兵百万，其甲士⑩四十二万人，五月，到颍川⑪，复与严尤、陈茂合。初，光武为舂陵侯家讼逋租于尤⑫，尤见而奇之，及是时，城中出降尤者言光武不取财物，但会兵计策。尤笑曰："是美须眉者邪？何为乃如是！"

初，王莽征天下能为兵法者六十三家数百人，并以为军吏；选练武卫，招募猛士，旌旗辎重⑬，千里不绝。时有长人巨无霸，长一丈，大十围，以为垒尉⑭；又驱诸猛兽虎豹犀象之属，以助威武。自秦、汉出师之盛，未尝有也。光武将数千兵，徼之于阳关⑮。诸将见寻、邑兵盛，反走，驰入昆阳，皆惶怖，忧念妻孥，欲散归诸城。光武议曰："今兵谷既少，而外寇强大，并力御之，功庶可立；如欲分散，势无俱全。且宛城未拔，不能相救，昆阳即破，一日之间，诸部亦灭矣。今不同心胆共举功名，反欲守妻子财物邪？"诸将怒曰："刘将军何敢如是！"光武笑而起。会候骑⑯还，言大兵且至城北，军陈数百里，不见其后。诸将遽相谓曰："更请刘将军计之。"光武复为图画成败。诸将忧迫，皆曰："诺。"时城中唯有八九千人，光武乃使成国上公王凤⑰、廷尉大将军王常⑱留守，夜自与骠骑大将军⑲宗佻、五威将军⑳李轶等十三骑，出城南门，于外收兵。时莽军到城下者且十万，光武几不得出。既至郾、定陵，悉发诸营兵；而诸将贪惜财货，欲分留守之。光武曰："今若破敌，珍珤㉑万倍，大功可成；如为所败，首领无余，何财物之有！"众乃从。

严尤说王邑曰："昆阳城小而坚，今假号者㉒在宛，亟进大兵，彼必奔走；宛败，昆阳自服。"邑曰："吾昔以虎牙将军围翟义㉓，坐不生得，以见责让，今将百万之众，遇㉔城而不能下，何谓邪？"遂围之数十重，列营百数，云车㉕十余丈，瞰㉖临城中，旗帜蔽野，埃尘连天，钲㉗鼓之声闻数百里。或为地道，冲輣橦城㉘。积弩乱发，矢下如雨，城中负户而汲㉙。王凤等乞降，不许。寻、邑自以为功在漏刻，意气甚逸。夜有流星坠营中，昼有云如坏山，当营而陨，不及地尺而散㉚，吏士皆厌㉛伏。

六月己卯，光武遂与营部俱进，自将步骑千余，前去大军四五里而陈。寻、邑亦遣兵数千合战。光武奔之，斩首数十级。诸部喜曰："刘将军平生见小敌怯，今见大敌勇，甚可怪也！且复居前。请助将军！"光武复进，寻、邑兵却，诸部共乘之，斩首数百千级㉜。连胜，遂前。时伯升拔宛已三日，而光武尚未知，乃伪使持书报城中云"宛下兵到"，而阳壄㉝其书。寻、邑得之，不喜㉞。诸将既经累捷，胆气益壮，无不一当百。光武乃与敢死者㉟三千人从城西水上冲其中坚㊱，寻、邑陈乱，乘锐崩之，遂杀王寻㊲。城中亦鼓噪而出，中外合势，震呼动天地，莽兵大溃，走者相腾践，奔殪㊳百余里间。会大雷风，屋瓦皆飞，雨下如注，滍川㊴盛溢，虎豹皆股战，士卒争赴，溺死者以万数㊵，水为不流。王邑、严尤、陈茂轻骑乘死人度水逃去。尽获其军实辎重、车甲珍宝，不可胜算，举之连月不尽，或燔烧其余。

光武因复徇下颍阳㊶。会伯升为更始所害㊷，光武自父城驰诣宛谢㊸。司徒官属㊹迎吊光武，光武难交私语，深引过而已。未尝自伐昆阳之功，又不敢为伯升服丧，饮食言笑如平常。更始以是惭，拜光武为破虏大将军⑤，封武信侯。

九月庚戌，三辅豪杰共诛王莽，传首诣宛⑥。更始将北都洛阳⑦，以光武行司隶校尉⑧，使前整修宫府。于是致⑨僚属，作文移⑩，从事司察，一如旧章⑪。时三辅吏士东迎更始⑫，见诸将过，皆冠帻⑬，而服妇人衣，诸于绣镼⑭，莫不笑之，或有畏而走者。及见司隶僚属，皆欢喜不自胜。老吏或垂涕曰："不图今日复见汉官威仪⑮！"由是识者皆属心焉。及更始至洛阳，乃遣光武以破虏将军行大司马事⑯。十月，持节⑰北度河，镇慰州郡。所到部县，辄见二千石、长吏、三老、官属，下至佐史⑱，考察黜陟，如州牧行部事⑲。辄平遣囚徒，除王莽苛政，复汉官名。吏人⑳喜悦，争持牛酒迎劳。进至邯郸㉑，故赵缪王子林㉒说光武曰："赤眉㉓今在河东，但决水灌之，百万之众，可使为鱼。"光武不答，去之真定㉔。林于是乃诈以卜者王郎为成帝子子舆㉕，十二月，立郎为天子，都邯郸，遂遣使者降下郡国。

--------------------------------

①光武等起兵，刘圣公亦与焉，号更始将军。及为天子，因以更始为年号。　　②泚水：亦作沘水，出今河南泌阳。　　③纳言、严尤、秩宗、湆阳，皆见《齐武王缤传》注。湆阳：缤传作"育阳"。　　④刘圣公：名玄，光武族兄。　　⑤前汉三公，即大司马、大司空、大司徒。　　⑥太常：见《马援传》"九卿"注。秦名奉常，景帝更名。偏将军：将军之一种。　　⑦徇：掠

取。昆阳：汉县，今河南叶县。定陵：汉县，即今河南舞阳县。郾：即今河南郾城县。　⑧时伯升方围宛。　⑨大司空：见上"大司徒"注。　⑩甲士：各州郡所选之精兵。　⑪颍川：秦置郡，地在今河南。　⑫舂陵侯：即光武帝刘秀的叔父刘敞。逋租：即欠租。　⑬辎重：随军运载的军用物资。　⑭垒尉：警卫垒壁的武官。　⑮徼（jiào）：巡查。阳关：聚名，在今河南禹县西北。　⑯候骑：担任侦察巡逻任务的骑兵。　⑰王凤自新市起兵，更始立，以为成国上公。　⑱廷尉大将军：大将军而冠以廷尉之号。王常：字颜卿，中兴功臣之一。　⑲骠骑大将军：前汉武帝置，霍去病始为之。　⑳五威将军：王莽置，其衣服依五方之色，以威天下。　㉑琉：古"宝"字。　㉒假号：古时称起事者自立的名号。假号者即起事者。此指刘秀。　㉓虎牙将军：将军之以虎牙名者，言其猛锐如虎之牙。翟义：字文仲，前汉丞相翟方进之子，为东郡太守。　㉔遇：或作"过"。　㉕云车：古代作战时用以窥察敌情的楼车。　㉖瞰（kàn）：俯视也。　㉗钲：一种古代乐器。形似钟而狭长，有柄，击之发声，用铜制成。行军时用以节止步伐。　㉘冲：陷阵车。輣（péng）：楼车。橦（zhuàng）：突击之意。　㉙负户而汲：汲时负户，所以避弩矢也。　㉚此主所坠陨处覆军杀将，流血千里。　㉛厌：同"压"。　㉜数百千级：自数百级以至千级。　㉝墯：同"堕"。　㉞憙：与"喜"通。　㉟敢死者：敢前死斗之人。　㊱中坚：军队中最重要最坚强的部分。　㊲寻、邑轻汉兵，自将万余人行陈，敕诸营毋动，独迎汉兵，不利，他军不敢擅救，汉兵遂乘胜杀寻。 ㊳殪（yì）：仆。 ㊴滍（zhì）川：今称沙河，在河南汝州，源出鲁山县西吴大岭，东南经昆阳北，又东与汝水会。 ㊵数过于万，故以万为数。 ㊶颍阳：秦置县，晋废，故城在今河南许昌市西南。 ㊷更始害伯升事，详见《齐武王縯传》。 ㊸父城：汉县，故城在今河南宝丰县东。伯升被害，光武不自安，故往谢。时更始已进都宛，故诣宛。 ㊹司徒官属：即伯升官属。 ㊺破虏大将军：大将军之加破虏名号者。 ㊻三辅：即京兆、左冯翊、右扶风，在关中。前汉都关中，三地近畿辅，故称。城中少年朱弟、张鱼等攻莽，商人杜吴杀莽，校尉公宾就斩莽首，将军申屠建等传莽首诣宛。 ㊼洛阳：在今河南，汉中兴于此建都。 ㊽司隶校尉：察河内、河南、河东、京兆、冯翊、扶风、弘农七郡，秩比二千石，参阅《马援传》注。 ㊾致：或作“置”，疑古字通。 ㊿移：笺表之类。 (51)司隶置从事史十二人，秩皆百石，主督促文书，察举非法。 (52)此句谓东至洛阳迎侍。 (53)帻：古卑贱不冠者之所服。 (54)诸于：古时妇人穿的宽大上衣。绣𧞤（qū）：古代妇女所穿的彩色半臂上衣。 (55)汉官威仪：汉家官府之仪体。 (56)大司马：见上“大司徒”注。 (57)节：见《胡广传》注。 (58)二千石：谓郡守。长吏：谓县令县长及丞尉。三老：乡官，每乡一人。佐史：汉代地方官署内书佐和曹史的统称。 (59)州牧：即刺史。刺史行郡国，省察政教，黜陟能否，断理冤狱。 (60)人：本作“民”，唐避太宗讳改。 (61)邯郸：县名，今属河北。 (62)缪王：名元，景帝七世孙，坐杀人罪，故予以丑谥曰缪。林：

或作"临"。　　　㉖赤眉：见《齐武王缤传》注。　　　㉑真定：
汉县，属真定国，后改正定，以至于今，属河北。　　　㉒前汉
时，曾有人自称成帝下妻子子舆，遮诉立国将军孙建车前，至是
林为号召计，故诈称王郎为子舆。

　　二年正月，光武以王郎新盛，乃北徇蓟①。王郎移檄②购
光武十万户，而故广阳王③子刘接起兵蓟中以应郎，城内扰
乱，转相惊恐，言邯郸使者方到，二千石以下皆出迎。于是
光武趣④驾南辕，晨夜不敢入城邑，舍食道傍。至饶阳⑤，
官属皆乏食。光武乃自称邯郸使者，入传舍⑥。传吏方进
食，从者饥，争夺之。传吏疑其伪，乃椎鼓数十通，绐言
"邯郸将军至"。官属皆失色。光武升车欲驰，既而惧不
免，徐还坐，曰："请邯郸将军入。"久乃驾去。传中人遥
语门者闭之。门长曰："天下讵可知，而闭长者乎？"遂得
南出。晨夜兼行，蒙犯霜雪，天时寒，面皆破裂。至呼沱
河⑦，无船，适遇冰合，得过，未毕数车而陷。进至下博⑧
城西，遑惑不知所之。有白衣老父在道旁，指曰："努力！
信都郡为长安守⑨，去此八十里。"光武即驰赴之。信都太
守任光⑩开门出迎。世祖因发旁县，得四千人，先击堂阳、
贳县，皆降之⑪。王莽和戎[成]卒正邳彤⑫亦举郡降。又昌城
人刘植⑬，宋子人耿纯⑭，各率宗亲子弟，据其县邑，以奉
光武。于是北降下曲阳⑮，众稍合，乐附者至有数万人。
　　复北击中山⑯，拔卢奴⑰。所过发奔命兵⑱，移檄边部，

共击邯郸，郡县还复响应。南击新市、真定、元氏、防子⑲，皆下之，因入赵界。

时王郎大将李育屯柏人⑳，汉兵不知而进，前部偏将朱浮、邓禹㉑为育所破，亡失辎重。光武在后闻之，收浮、禹散卒，与育战于郭门，大破之，尽得其所获。育还保城，攻之不下，于是引兵拔广阿㉒。会上谷太守耿况㉓、渔阳太守彭宠㉔各遣其将吴汉、寇恂等㉕将突骑㉖来助击王郎，更始亦遣尚书仆射谢躬㉗讨郎，光武因大飨士卒，遂东围巨鹿。王郎守将王饶坚守，月余不下。郎遣将倪宏、刘奉率数万人救巨鹿，光武逆战于南栾㉘，斩首数千级。四月，进围邯郸㉙，连战破之。五月甲辰，拔其城，诛王郎㉚。收文书，得吏人与郎交关㉛谤毁者数千章。光武不省，会诸将军烧之，曰："令反侧子㉜自安。"

更始遣侍御史㉝持节立光武为萧王㉞，悉令罢兵诣行在所㉟。光武辞以河北未平，不就征。自是始贰于更始。

是时，长安政乱，四方背叛。梁王刘永擅命睢阳㊱，公孙述称王巴蜀㊲，李宪自立为淮南王㊳，秦丰自号楚黎王㊴，张步起琅邪㊵，董宪起东海㊶，延岑起汉中㊷，田戎起夷陵㊸，并置将帅，侵略郡县。又别号诸贼铜马、大肜、高湖、重连、铁胫、大抢、尤来、上江、青犊、五校、檀乡、五幡、五楼、富平、获索等㊹，各领部曲，众合数百万人，所在寇掠。

光武将击之，先遣吴汉北发十郡兵。幽州牧苗曾不从，汉遂斩曾而发其众⑤。秋，光武击铜马于鄡⑥，吴汉将突骑来会清阳⑥。贼数挑战，光武坚营自守；有出卤⑱掠者，辄击取之，绝其粮道。积月余日，贼食尽，夜遁去，追至馆陶⑲，大破之。受降未尽，而高湖、重连从东南来，与铜马余众合，光武复与大战于蒲阳⑩，悉破降之，封其渠帅为列侯。降者犹不自安，光武知其意，敕令各归营勒兵，乃自乘轻骑，按行部陈。降者更相语曰："萧王推赤心置人腹中，安得不投死乎㉑！"由是皆服。悉将降人分配诸将，众遂数十万，故关西号光武为"铜马帝"。赤眉别帅与大肜、青犊十万余众在射犬㉒，光武进击，大破之，众皆散走。使吴汉、岑彭袭杀谢躬于邺㉓。青犊、赤眉贼入函谷关㉔，攻更始。光武乃遣邓禹率六裨将引兵而西㉕，以乘更始、赤眉之乱。时更始使大司马朱鲔㉖、舞阴㉗王李轶等屯洛阳，光武亦令冯异守孟津以拒之㉘。

------------------------------

①蓟：汉县名，属涿郡，地在今天津。　②檄：以木简为书，长尺二寸，用以征召。　③广阳：汉郡，又改为国，今为北京房山所辖地。王，名嘉，武帝五世孙。　④趣：读如"促"。急也。　⑤饶阳：县名，今属河北。　⑥传舍：客馆。　⑦呼沱河：亦作滹沱河，源出山西繁峙县东之泰戏山，入河北，经深泽县东南，其地即光武度处。　⑧下博：汉县，故城在河北深县，在博水下，故称。　⑨信都郡：汉郡，改广川国置。郡治故城在冀州市东北。长安：汉都。为长安守，犹言

为汉守也。时诸郡国皆降郎，独信都太守任光以精兵四千据守。⑩任光：字伯卿，为中兴功臣之一。　　⑪光武既入信都，以兵力虚弱，欲南就他兵，任光以为不可，说发旁县奔命略取他地，如有不服，恣其虏掠，光武从之，因击下诸城。堂阳、贳县：皆汉县，属巨鹿郡。　　⑫和成：郡名，王莽分巨鹿郡为之，居下曲阳。卒正：莽所置官，职如太守。邳彤：字伟君，亦中兴功臣之一。　　⑬昌城：汉县，在今河北丰南。刘植：字伯先，中兴功臣之一。　　⑭宋子：汉县，属巨鹿。耿纯：字伯山，亦中兴功臣之一。　　⑮下曲阳：汉县，北齐废，故城在今河北晋州。⑯中山：汉国，地在今河北，与战国时之中山国有别。　　⑰卢奴：汉县，即其时中山国治，今为河北定州治。　　⑱汉时郡国皆有材官骑士，若有急难，则权取其骁勇者闻命奔赴，谓之奔命兵，参阅后建武七年中注。　　⑲新市：汉县，属巨鹿郡。元氏：县名，今属河北。房子：汉县，故城在今河北高邑县。"防"与"房"古字通用。　　⑳柏人：汉县，治今河北隆尧县。　　㉑朱浮：字叔元。邓禹：字仲华，中兴功臣之一。　　㉒时攻柏人不下，议者谓与其守柏人，不如定巨鹿，光武乃引兵东北行，拔广阿。广阿为汉县，其时即属巨鹿，故城在今河北隆尧县东。㉓上谷：见《马援传》注。耿况：中兴功臣耿弇之父，字侠游。㉔渔阳：秦郡，地在今河北省。彭宠：字伯通。　　㉕吴汉：字子颜。寇恂：字子翼。二人皆为中兴名将。　　㉖突骑：能冲突军阵之锐兵；渔阳、上谷之突骑，当时甚有名。　　㉗尚书仆射：见后《郑玄传》注。谢躬：字子张，南阳人。　　㉘南栾：汉县，今河北巨鹿县治。　　㉙光武围巨鹿不下，耿纯说光武，不如以大兵径攻邯郸，王郎破，巨鹿不攻自下，光武然之，遂留别将守巨鹿，自引兵进攻邯郸，郎数出战不利，而郎果亡灭。㉚既诛王郎，河北乃定，光武始有土。㉛交关：串通，勾结。㉜反侧子：心意未安之人。㉝侍御史名黄党。

㉞萧：秦县，故城在今安徽萧县西北，明时徙今治。㉟行在所：见后《马援传》注。时更始已自洛阳徙都长安，光武平河北，威名日盛，更始忌之，故立为王，令罢兵归京。㊱梁：梁郡，治睢阳，今河南商丘。刘永：前汉文帝子梁孝王八世孙，更始封为梁王，都睢阳，更始政乱，遂据国起兵。擅：专也。睢阳：秦县，属梁郡，故城在今河南商丘市南。㊲公孙述：见《马援传》注。蜀有巴郡，故总称巴蜀。㊳李宪：颍川许昌人，王莽以为偏将军。莽败，据郡自守。更始元年，自称淮南王。淮南：汉郡，地在今安徽。㊴秦丰：黎丘之乡人。黎丘故城在今湖北宜城北，地在楚，故丰称楚黎王。㊵张步：字文公，琅邪人。琅邪：秦郡，在今山东。㊶董宪：东海人。东海：汉郡，今江苏山东皆有地属之。㊷延岑：字叔牙，南阳人，始与秦丰合，丰败，降公孙述。汉中：秦郡，今陕西湖北皆有地属之。㊸田戎：汝南人，始起亦合于秦丰，后亦降公孙述。夷陵：县名，属南郡，故城在今湖北宜昌市西北。㊹诸贼或以山川土地为名，或以军容强盛为号。㊺苗曾之幽州牧，更始于光武定河北后所除，至是不听吴汉征调，汉将二十骑驰至，曾以其人少出迎，汉即挥兵收斩之，夺其军，北州震骇，莫不受命，汉遂悉发其兵，引而南，与光武会清阳。㊻鄡（qiāo）：汉县，故城在今河北辛集市。㊼清阳：汉县，故

城在今河北清河县西北。 ㊽卤：与“虏”同。 ㊾馆陶：县名，今属山东省。 ㊿蒲阳：山名，在今河北省；或作满阳。 (51)投死：犹效死。 (52)射犬：聚名，在今河南沁阳东北。 (53)岑彭：字君然，中兴功臣之一。邺：汉县，在今河南临漳县境。更始使谢躬将兵至河北，与光武共平王郎，其裨将恣行虏掠，不相禀承，光武忌之，然常以语慰安，故躬不疑，已而躬率兵数万还屯于邺，光武南击青犊于射犬，语躬，青犊贼破，尤来必惊走，乘势击之，必可成禽，及青犊破，尤来果北走，躬乃自将追之，反为所败，光武知躬已离邺，遂遣吴汉岑彭袭得其城，躬不知，率兵还，为汉等所击杀。 (54)函谷为谷名，因谷以名关，故称函谷关，在今河南新安县东北，为汉关，去秦之函谷关三百里。 (55)六裨将：即冯愔、樊崇、宗歆、邓寻、耿䜣、左于。西：西行自今山西进窥关中。 (56)朱鲔：参阅《齐武王縯传》及注。 (57)舞阴：汉县，故城在今河南泌阳市。 (58)冯异：字公孙，中兴功臣之一。孟津：津名，在今河南孟津县南，今曰河阳渡。

建武元年春正月，平陵人方望立前孺子刘婴为天子①，更始遣丞相李松击斩之②。光武北击尤来、大抢、五幡于元氏，追至（右）北平③，连破之。又战于顺水④北，乘胜轻进，反为所败。贼追急，短兵⑤接，光武自投高岸⑥，遇突骑王丰，下马授光武，光武抚其肩而上，顾笑谓耿弇曰：“几为虏嗤！”弇频射却贼，得免。士卒死者数千人，散兵归保范阳⑦。军中不见光武，或云已殁，诸将不知所为。吴汉曰："卿曹努力！王兄子⑧在南阳，何忧无主？"众恐惧，数日乃定。贼虽战胜，而素慑大威，客主不相知，夜遂引去。大军复进至安次⑨，与战，破之，斩首三千余级。贼入渔阳，乃遣吴汉率耿弇、陈俊、马武等十二将军⑩追战于潞东⑪，及平谷⑫，大破灭之。朱鲔遣讨难将军苏茂攻温⑬，冯异、寇恂与战，大破之，斩其将贾强⑭。

于是诸将议上尊号⑮。马武⑯先进曰："天下无主，如有圣人承敝而起，虽仲尼为相，孙子⑰为将，犹恐无能有益。反水不收，后悔无及。大王虽执谦退，奈宗庙社稷何！宜且还蓟，即尊位，乃议征伐。今此谁贼而驰骛击之乎⑱？"光武惊曰："何将军出是言？可斩也！"武曰："诸将尽然。"光武使出晓之，乃引军还至蓟。

夏四月……光武从蓟还，过范阳，命收葬吏士。至中山，诸将复上奏曰："汉遭王莽，宗庙废绝，豪杰愤怒，兆人涂炭⑲。王与伯升首举义兵，更始因其资以据帝位，而不能奉承大统，败乱纲纪，盗贼日多，群生危蹙。大王初征昆阳，王莽自溃；后拔邯郸，北州弭定；三分天下而有其二，跨州据土，带甲百万。言武力则莫之敢抗，论文德则无所与辞。臣闻帝王不可以久旷，天命不可以谦拒，惟大王以社稷为计，万姓为心！"光武又不听。

行到南平棘⑳，诸将复固请之。光武曰："寇贼未平，四面受敌，何遽欲正号位乎？诸将且出。"耿纯进曰："天

下士大夫捐亲戚，弃土壤，从大王于矢石之间者，其计固望
其攀龙鳞，附凤翼，以成其所志耳。今功业即定，天人亦
应，而大王留时逆众，不正号位，纯恐士大夫望绝计穷，则
有去归之思，无为久自苦也。大众一散，难可复合。时不可
留，众不可逆！”纯言甚诚切，光武深感，曰：“吾将思
之。”

　　行至鄗㉒，光武先在长安时同舍生强华㉒自关中奉赤伏
符㉓，曰：“刘秀发兵捕不道，四夷云集龙斗野，四七之际
火为主㉔。”群臣因复奏曰：“受命之符，人应为大，万里
合信，不议同情，周之白鱼，曷足比焉㉕！今上无天子，海
内淆乱，符瑞之应，昭然著闻，宜答天神，以塞群望！”光
武于是命有司设坛场于鄗南千秋亭五成陌㉖。

　　六月己未，即皇帝位。燔燎告天㉗，禋于六宗㉘，望于
群神㉙。其祝文曰：“皇天上帝，后土神祇㉚，眷顾㉛降命，
属秀黎元，为人㉜父母，秀不敢当。群下百辟㉝，不谋同辞，
咸曰：‘王莽篡位，秀发愤兴兵，破王寻、王邑于昆阳，诛
王郎、铜马于河北，平定天下，海内蒙恩。上当天地之心，
下为元元㉞所归。’谶记曰：‘刘秀发兵捕不道，卯金㉟修
德为天子。’秀犹固辞，至于再，至于三。群下佥曰：‘皇
天大命，不可稽留。’敢不敬承！”于是建元为建武，大赦
天下，改鄗为高邑。

　　……秋七月辛未，拜前将军邓禹为大司徒。丁丑，以野
王令王梁为大司空㊱。壬午，以大将军吴汉为大司马，偏将

军景丹㊲为骠骑大将军，大将军耿弇为建威大将军㊳，偏将军盖延㊴为虎牙大将军，偏将军朱祐为建义大将军㊵，中坚将军杜茂㊶为大将军。时宗室刘茂自号"厌新将军"㊷，率众降，封为中山王……使吴汉率朱祐及廷尉岑彭、执金吾贾复、扬化将军坚镡等十一将军围朱鲔于洛阳㊸……九月，赤眉入长安，更始奔高陵㊹。辛未，诏曰："更始破败，弃城逃走，妻子裸袒，流亡㊺道路，朕甚愍之。今封更始为淮阳王㊻，吏人敢有贼害者，罪同大逆"……辛卯，朱鲔举城降㊼。冬十月癸丑，车驾入洛阳，幸南宫却非殿㊽，遂定都焉……十二月……赤眉杀更始㊾。

----------------------------

①平陵：汉县，本前汉昭帝陵，因以为县，故城在今陕西咸阳市西北。方望颇知天文，以为更始必败，而孺子婴本嗣立前汉平帝，为王莽所废，依统当立，故立为天子。　　②李松：李通堂弟。此时奉汉宗室以为号召者，惟婴得其正，而更始为光武驱除之。　　③北平：汉县，属中山国。　　④顺水：为徐水之别名，即今河北满城县北漕河。　　⑤短兵：谓刀剑。　　⑥岸高，不得上，自投于马下。　　⑦范阳：秦县，即今河北定兴县。⑧兄子：谓伯升之子刘章及刘兴。　　⑨安次：汉县，故城在今之河北廊坊安次区东北。　　⑩案范书《耿弇传》，除吴汉外，为耿弇及景丹、盖延、朱祐、邳彤、耿纯、刘植、岑彭、祭遵、坚镡、王霸、陈俊、马武，计十三将军。　　⑪潞东：潞县之东。潞：汉县，属渔阳郡。　　⑫平谷：县名，今属北京。　　⑬讨

难将军：将军而有讨难之名号者。苏茂：陈留人，以此职仕更始。温：县名，今属河南省。更始将朱鲔，时方以兵据洛阳，闻光武北击尤来等贼，河内势孤，遂遣苏茂及副将贾强将兵三万余人入攻温。　⑭光武北征，以寇恂为河内太守，留守以备朱鲔，温既告警，恂即勒兵驰往，而冯异兵及诸县兵亦至，遂击破苏茂兵，追至洛阳，斩贾强，自是洛阳震恐，城门昼闭。　⑮更始诛孺子婴，光武破灭尤来、大抢等贼，寇恂败洛阳兵，皆为光武称尊之张本。　⑯马武：字子张，中兴功臣之一。　⑰孙子：名武，春秋时吴王阖闾间将，善用兵。　⑱谁贼：言名号未定，人之向背不明，果宜以谁为贼也。直骋曰驰，乱驰曰惊。⑲兆人：犹兆民涂炭，言若陷泥坠火。　⑳南平棘：汉县，故城在今河北赵县。　㉑鄗（hào）：汉县，在今河北柏乡县。㉒强华：颍川人。　㉓赤伏符：谶文。　㉔四七：自高祖至光武初起，合二百二十八年，是为四七之际。汉火德，故曰火为主。　㉕武王伐纣，度孟津，中流，有白鱼跃入舟中，长三尺，赤文有字，告以伐纣之意。　㉖筑土为坛，除地为场。秦法，十里一亭。南北为阡，东西为陌。　㉗燔（fán）燎：焚柴也，天高不可达，故以烟上通。　㉘禋（yīn）：祭名。生烟祭天以求福。六宗：神名，六子之气，水火雷风山泽，安帝即位，改为天地四方之宗。　㉙望：祭名。山林川谷能兴致云雨者皆为神，不可遍至，故望而祭之。　㉚祇（qí）：地神。　㉛眷顾：犹向视。　㉜人：即民也。　㉝百辟：畿内诸侯。　㉞元元：黎庶。　㉟卯金：即刘字。　㊱野王：汉县，今河南沁阳县。王梁：字君岩，亦在中兴功臣之列。光武即位，议选大司空，以赤伏符有云："王梁主卫作玄武。"野王：卫曾徙都，玄武为水神名，司空为水土官，故从县令超拜之，居位仅八月而免。　㊲景丹：字孙卿，中兴功臣之一。　㊳建威大将军：大将军之加建威名号者。　㊳盖延：字巨卿，中兴功臣之一。　㊵朱祐：字仲先，中兴功臣之一；"祐"，一作"祜"，又以避安帝讳，作"福"。建义大将军：大将军之加建义名号者。　㊶中坚将军：将军之加中坚名号者。杜茂：字诸公，中兴功臣之一。㊷王莽号新室，言欲厌胜之，故号"厌新将军"。　㊸廷尉：秦官，听狱必质于朝廷，与众共之。尉：平也，故称。执金吾：前汉武帝改秦官中尉之名。吾：御也，掌执兵革以御非常。贾复：字君文，中兴功臣之一。扬化将军：将军之加扬化名号者。坚镡（qín）：字子伋，中兴功臣之一。　㊹高陵：县名，汉为左冯翊治，今属陕西省。　㊺宂：散。　㊻淮阳：汉郡，故城在今河南淮阳县西。　㊼吴汉等围洛阳，数月不下，光武以岑彭曾为朱鲔校尉，使说降之，鲔以尝与杀伯升之谋，初不敢，光武许赦其罪，乃降，后世以功名仕汉。　㊽南宫：洛阳宫名，与北宫为对待。却非殿：殿名。　㊾更始奔高陵，赤眉下书令降，更始从之，旋被缢死。

　　二年春正月……大司马吴汉率九将军①击檀乡贼于邺东，大破降之。庚辰，封功臣皆为列侯，大国四县，余各有差。下诏曰："人情得足，苦于放纵，快须臾之欲，忘慎罚②之义。惟诸将业远功大，诚欲传于无穷，宜如临深渊，如履薄冰，战战栗栗，日慎一日。其显效未酬，名籍未立者③，大鸿胪④趣上，朕将差而录之。"博士丁恭⑤议曰："古帝王封诸侯不过百里⑥，故利以建侯，取法于雷⑦，强干弱枝⑧，所以为治也。今封诸侯四县，不合法制。"帝曰："古之亡国，皆以无道，未尝闻功臣地多而灭亡者。"乃遣谒者即授印绶⑨，策曰："在上不骄，高而不危；制节谨度，满而不溢。敬之戒之！传尔子孙，长为汉籓⑩！"……壬子，起高庙⑪，建社稷⑫于洛阳，立郊兆⑬于城南，始正火德，色尚赤⑭。

　　是月，赤眉焚西京宫室，发掘园陵，寇掠关中⑮。大司徒邓禹入长安，遣府掾奉十一帝神主⑯，纳于高庙……三月……遣虎牙大将军盖延率四将军⑰伐刘永……六月戊戌，立贵人郭氏为皇后⑱，子强为皇太子⑲，大赦天下。增郎⑳、谒者、从官秩各一等……秋八月，帝自将征五校。丙辰，幸内黄㉑，大破五校于羛阳㉒，降之……九月壬戌，至自内黄……冬十一月……遣偏将军冯异代邓禹伐赤眉。使太中大夫伏隆㉓持节安辑青、徐二州，招张步降之……是岁，盖延等大破刘永于沛㉔西……

------------------------------

　　①九将军：即王梁、朱祐、杜茂、贾复、坚镡、王霸、刘隆、马武、阴识。　　②慎罚：谨慎处理刑罚之事。　　③汉时，凡有功之臣，皆立籍记名，以示别于凡庶。　　④大鸿胪：掌诸王入朝，及封拜诸侯，参阅《马援传》"九卿"注。　　⑤博士：秦官，掌通古今。前汉武帝又置"五经博士"，以《五经》

教子弟，参阅《胡广传》注。丁恭：字子然，有大儒名，在光武左右，每事咨询。　⑥周封诸侯，同姓五十，地不过百里。⑦《易·屯卦》："利建侯。"又《震卦》："震惊百里。"故封诸侯地方百里，以法乎雷。　⑧强干弱枝：尊天子卑诸侯。⑨谒者：秦官，掌宾赞受事，即为天子传达。秩比六百石。　⑩藩：屏也，言建诸侯所以为国之藩蔽。　⑪光武于洛阳起高庙一，高祖以下至平帝十一帝王皆藏于其中。　⑫社稷在宗庙之右，皆方五丈之坛，四面及中，各依方色，无屋，仅门墙而已。　⑬兆：为坛之茔域，立坛于郊，以祭群神。　⑭前汉以秦为水德，汉之德连当为土，及光武即位，案图谶，推五运，汉实为水德，乃徽帜尚赤以正之。　⑮赤眉贪财物，常大掠，长安城中粮食尽，遂收载珍宝，大纵火烧宫室，引兵而西，寻复还，发掘诸陵，取其宝货。园：谓茔域。陵：谓山坟。　⑯府掾：司徒府之掾属。十一帝：高祖及惠、文、景、武、昭、宣、元、成、哀、平十帝也。神主：古代为已死的君王、诸侯作的牌位，用木或石制成。　⑰四将军：马武、刘隆、马成、王霸。　⑱贵人：见《马后纪》注。郭后：名圣通，真定人，真定王刘扬之甥。扬，景帝七世孙。王郎起，扬举兵附之，光武遣人说降，因纳后以示相结；后扬又有异志，被诛。　⑲强：郭后所生。⑳郎：郎官，掌守门户，出充车骑，秩六百石以下。　㉑内黄：县名，今属河南省。　㉒萧（xī）阳：在今河南内黄县。㉓伏隆：字伯文，以节操名。　㉔沛：秦县，故城在江苏沛县东。

三年春正月……大司徒邓禹及冯异与赤眉战于回溪①，禹、异败绩……闰月乙巳，大司徒邓禹免。冯异与赤眉战于崤底②，大破之，余众南向宜阳③，帝自将征之。己亥，幸宜阳。甲辰，亲勒六军，大陈戎马，大司马吴汉精卒当前，中军次之，骁骑、武卫分陈左右。赤眉望见震怖，遣使乞降。丙午，赤眉君臣面缚④，奉高皇帝玺绶⑤，诏以属城门校尉⑥。戊申，至自宜阳。己酉，诏曰："群盗纵横，贼害元元，盆子窃尊号，乱惑天下。朕奋兵讨击，应时崩解，十余万众束手降服，先帝玺绶归之王府。斯皆祖宗之灵，士人⑦之力，朕曷足以享⑧斯哉！其择吉日祠高庙，赐天下长子当为父后者爵，人一级。"

二月己未，祠高庙，受传国玺。

刘永立董宪为海西王⑨，张步为齐王。步杀光禄大夫⑩伏隆而反……夏四月，大破邓奉于小长安，斩之。冯异与延岑战于上林⑪，破之……虎牙大将军盖延围刘永于睢阳……六月……耿弇与延岑战于穰⑫，大破之。秋七月，征南大将军⑬岑彭率三将军⑭伐秦丰，战于黎丘，大破之，获其将蔡宏……盖延拔睢阳，获刘永，而苏茂、周建立永子纡为梁王……

--------------------------------

①回溪：溪名，亦曰回阬，长四里，阔二丈五尺，即东崤山阪，在河南洛宁县北。　②崤底：崤阪，在今洛宁县西北。③余众：赤眉败余之众。宜阳：县名，今属河南。　④君：刘盆子。建武元年六月，赤眉选立宗室，立为天子。面：不正向

前；面缚：谓后绞而缚之。　　⑤高皇帝玺绶：即传国玺。玺为始皇所刻。玉螭虎纽，李斯书玺文曰："受命于天，既寿永昌。"高祖入咸阳，子婴献之。王莽篡位，就元后求玺，后被逼，投之于地，玺上螭一角缺。莽败，李松持诣宛，上更始。更始败，玺归赤眉。至是盆子以奉光武。　　⑥城门校尉：掌京师城门屯兵，秩比二千石。　　⑦士人：犹士民。　　⑧享：当也。　　⑨海西：汉县，故城在今江苏东海县南。　　⑩秦郎中令属官有中大夫，汉武帝更名为光禄大夫，备顾问。　　⑪上林：即上林苑，见《马援传》注。　　⑫穰（rǎng）：汉县，明省入邓州，今属河南邓州。　　⑬征南大将军：大将军而加征南名号者。　　⑭三将军：傅俊、臧宫、刘宏。

　　四年……七月丁亥，幸谯。遣捕虏将军①马武、偏将军王霸②围刘纡于垂惠③……秋八月……遣扬武将军马成④率三将军⑤伐李宪。九月，围宪于舒⑥。冬……十一月，遣建义大将军朱祐率二将军⑦围秦丰于黎丘……

------------------------------

①捕虏将军：将军而加捕虏名号者。　　②王霸：字元伯，中兴功臣之一。　　③垂惠：聚名，在今安徽蒙城县西北。④扬武将军：将军而加扬武名号者。马成：字君迁，中兴功臣之一。　　⑤三将军：刘隆、宋登、王赏也。　　⑥舒：汉县，故城在今安徽庐江县西。　　⑦二将军：侯进、耿植也。

　　五年春……二月……捕虏将军马武、偏将军王霸拔垂惠……大司马吴汉率建威大将军①耿弇击富平、获索贼于平原②，大破降之。复遣耿弇率二将军③讨张步。三月……平狄将军庞萌反，杀楚郡太守孙萌而东附董宪④。遣征南大将军岑彭率二将军伐田戎于津乡，大破之⑤。夏……六月，建义大将军朱祐拔黎丘，获秦丰。而庞萌、苏茂围桃城⑥。帝时幸蒙⑦，因自将征之。先理兵任城⑧，乃进救桃城，大破萌等。秋七月……进幸湖陵⑨，征董宪。又幸蕃⑩，遂攻董宪于昌虑⑪，大破之。八月己酉，进幸郯⑫，留吴汉攻刘纡、董宪等，车驾转徇彭城、下邳⑬。吴汉拔郯，获刘纡。汉进围董宪、庞萌于朐⑭。冬十月，还，幸鲁，使大司空⑮祠孔子。耿弇等与张步战于临淄⑯，大破之。帝幸临淄，进幸剧⑰。张步斩苏茂以降⑱，齐地平。初起太学⑲，车驾还宫，幸太学，赐博士弟子⑳各有差……十二月……西州大将军隗嚣遣子恂入侍㉑……

------------------------------

　　①建威大将军：大将军而加建威名号者。　　②平原：汉郡，地在今山东。　　③二将军：指刘歆、陈俊。　　④平狄将军：将军而加平狄名号者。庞萌：山阳人。初在下江兵中，后仕更始，将兵属谢躬，同讨王郎。躬败，萌降光武，为人逊顺，光武信爱之，拜为平狄将军，与盖延共击董宪。会诏书独下延而不及萌，萌疑延谮己，遂反，袭破延军，引兵与董宪连和，自号东平王。光武闻之，大怒，自将兵以讨之。楚郡：秦灭楚所置郡，

当时兼有淮南之地。　　⑤二将军：一为傅俊，其一未详。津乡：地名，今湖北江陵县有津乡城。田戎既败，遂与数十骑亡蜀附公孙述。　　⑥桃：聚名，故城在今山东济宁市北。　　⑦蒙：秦县，故城在河南商丘市东北。　　⑧理：本作"治"，唐避高宗讳，作"理"。任城：即今山东济宁。　　⑨湖陵：汉县，又名湖陆，故城在今山东鱼台县东。　　⑩蕃：汉县，故城在今山东滕州。　　⑪昌虑：汉县，故城在今山东滕州东南。　　⑫郯（tán）：汉县，即今山东郯城县。　　⑬彭城：秦县，今为江苏铜山县治。下邳：秦县，故城在今江苏邳州东。　　⑭朐（qú）：汉县，故城在今江苏东海县南。　　⑮时大司空为宋弘。　　⑯临淄：县名，今属山东。　　⑰剧：汉县，故城在今山东寿光市南。　　⑱步败于临淄，苏茂将万余人来救之，光武乃使告步、茂，能相斩降者封列侯，步遂斩茂以降。　　⑲东汉起太学于洛阳，去宫八里，讲堂长十丈，广三丈。参阅《郑玄传》"太学"注。　　⑳前汉武学设博士官，置弟子五十人，令郡国举送，是为博士弟子，参阅前"博士"注。　　㉑西州、隗嚣：皆见《马援传》注。嚣遣子恂入侍事，见《马援传》。

　　六年春正月丙辰，改春陵乡为章陵县。世世复徭役，比丰、沛①，无有所豫。辛酉，诏曰："往岁水旱蝗虫为灾②，谷价腾跃，人③用困乏。朕惟百姓无以自赡④，恻然愍之。其命郡国有谷者给禀⑤高年、鳏、寡、孤、独及笃癃⑥、无家属贫不能自存者，如律⑦。二千石⑧勉加循抚，无令失职⑨。"　　扬武将军马成等拔舒，获李宪。二月，大司马吴汉拔朐，获董宪、庞萌，山东悉平。诸将还京师，置酒赏赐……夏四月丙子，幸长安，始谒高庙，遂有事十一陵⑩。遣虎牙大将军盖延等七将军⑪从陇道伐公孙述。五月己未，至自长安。隗嚣反，盖延等因与嚣战于陇坻⑫，诸将败绩。辛丑，诏曰："惟天水、陇西、安定、北地⑬吏人为隗嚣所诖误⑭者，又三辅遭难赤眉，有犯法不道者⑮，自殊死⑯以下，皆赦除之。"　六月辛卯，诏曰："夫张官置吏，所以为人也。今百姓遭难，户口耗少，而县官吏职所置尚繁，其令司隶⑰、州牧各实所部⑱，省减吏员。县国不足置长吏可并合者，上⑲大司徒、大司空二府。"于是条奏并省四百余县，吏职减损，十置其一……冬……十二月……癸巳，诏曰："顷者师旅未解，用度不足，故行什一之税⑳。今军士屯田，粮储差积，其令郡国收见田租，三十税一，如旧制㉑。"……

--------------------------------

　　①丰：秦为邑，汉以后改县，今属江苏沛县，秦为县，见前。汉高祖为沛之丰邑人，高祖得天下，遂复二地世世之徭役。②建武五年夏间曾旱蝗。　③人：即民。　④惟：思。赡：给。⑤禀：赐谷。　⑥笃：困。癃：疲病。　⑦律：汉律，今亡。　⑧汉时，内自九卿郎将，外至郡守尉，皆秩二千石，此指外官言。　⑨职：常。　⑩有事：谓祭祀。十一陵：高祖长陵，惠帝安陵，文帝霸陵，景帝阳陵，武普茂陵，昭帝平陵，宣帝杜陵，元帝渭陵，成帝延陵，哀帝义陵，平帝康陵。　⑪七将军：未详。　⑫陇坻：陇山，其坂九回，不知其高度，欲上者

七日乃得达，在今陕西陇县。 ⑬天水：汉郡，在今甘肃通渭县西南。陇西：秦置郡，地在今甘肃。安定：汉郡，地在今甘肃。北地：汉郡，地在今甘肃。 ⑭诖（guà）：误也。⑮不道：刑律名。杀不辜一家三人为不道。 ⑯殊：绝也；殊死：斩首之刑。 ⑰司隶：即司隶校尉，见前。 ⑱王莽篡位，继以更始、赤眉之乱，边邑萧条，海内人民十有二存，或空置太守令长，故光武令司隶州牧各实所部，为裁省郡国张本。⑲上：上言之也。 ⑳什一之税：十分而税其一也。 ㉑前汉景帝时，令人田租三十税一，今依景帝时制，故云如旧制。

　　七年春正月丙申，诏中都官①、三辅、郡、国出系囚，非犯殊死，皆一切勿案其罪。见徒②免为庶人。耐罪亡命，吏以文除之③。又诏曰："世以厚葬为德，薄终为鄙，至于富者奢僭，贫者单④财，法令不能禁，礼义不能止，仓卒乃知其咎⑤。其布告天下，令知忠臣、孝子、慈兄、悌弟薄葬送终之义。"……三月丁酉，诏曰："今国有众军，并多精勇，宜且罢轻车、骑士、材官、楼船士及军假吏⑥，令还复民伍。"……

-----------------------------

　　①中都官：谓京师诸官府。 ②见徒：犯罪现在为徒者。③耐：读若"能"；耐罪：其罪轻，不至于髡，但剃其颊毛，故曰耐。耐，古本作"耏"，从彡，发肤之意。命：名也，脱名籍而逃匿者为亡命。以文除之，谓犯耐罪而逃者，即削除其名籍（记

罪人名之簿籍）不追究。　　④单：同"殚"，尽也。　　⑤谓丧
乱仓卒之间，厚葬者皆被人发掘，至是乃知厚葬之不善也。
⑥高祖令天下郡国选有材力者，以为轻车、骑士、材官、楼船
士，平地用车骑，山阻用材官，水泉用楼船，常以立秋后讲肄课
试，各有员数。军假吏：谓军中权置之吏。光武初起，本借此辈
之力，天下既定，恐将来反侧者复因以为资，故悉罢之，不知此
制一罢，兵农即分，遂贻后世以养军之患矣。


　　八年春正月，中郎将来歙袭略阳①，杀隗嚣守将②而据其
城。夏四月……隗嚣攻来歙，不能下。闰月，帝自征嚣，河
西大将军窦融率五郡太守与车驾会高平③。陇右溃，隗嚣奔
西城④，遣大司马吴汉、征南大将军岑彭围之。进幸上邽⑤，
不降，命虎牙大将军盖延、建威大将军耿弇攻之。颍川盗贼
寇没属县，河东守守兵亦叛，京师骚动。秋……八月，帝自
上邽晨夜东驰。九月乙卯，车驾还宫。庚申，帝自征颍川盗
贼，皆降……戊寅，至自颍川。冬……十一月乙丑……公孙
述遣兵救隗嚣，吴汉、盖延等还军长安。天水、陇西复反归
嚣……

- - - - - - - - - - - - - - - - - - - - - - - - - - -

　　①中郎将：见《马后纪》"虎贲中郎将"注。来歙：中兴功
臣之一，参阅《马援传》注。略阳：汉略阳道也，在天水郡东。
②守将：名金梁。　　③河西：泛指黄河以西之地。窦融：字周
公，先据河西，后附汉。五郡：武威、酒泉、张掖、敦煌、金城

也。高平：汉县，治今宁夏固原。　　④西城：汉县，故城在今陕西安康市之西北。　　⑤上邽（guī）：汉县，故城在今甘肃天水市西南。

九年春正月，隗嚣病死，其将王元、周宗复立嚣子纯为王……三月……公孙述遣将田戎、任满据荆门①……秋八月，遣中郎将来歙监征西大将军冯异等五将军讨隗纯于天水②……

----------------------------

①荆门：山名，在今湖北宜都县西北，在江南岸，与北岸之虎牙山相对，上合下开，其状如门。　　②冯异于建武三年从偏将军拜征西大将军。五将军：耿弇、盖延、马成、刘尚及冯异。

十年……冬十月，中郎将来歙等大破隗纯于落门①，其将王元奔蜀，纯与周宗降，陇右平……

----------------------------

①落门：聚名，在今甘肃甘谷县西。

十一年春二月己卯，诏曰："天地之性人为贵。其杀奴婢，不得减罪。"……闰月，征南大将军岑彭率三将军①与公孙述将田戎、任满战于荆门，大破之，获任满。威虏将军冯骏围田戎于江州②。岑彭遂率舟师伐公孙述，平巴郡③。……六月，中郎将来歙率扬武将军马成破公孙述将王元、环安于下辩④。安遣间人⑤刺杀中郎将来歙。帝自将征公孙述。秋七月，次长安。八月，岑彭破公孙述将侯丹于黄石⑥。辅威将军臧宫⑦与公孙述将延岑战于沈水⑧，大破之。王元降。至自长安……冬十月……公孙述遣间人刺杀征南大将军岑彭……十二月，大司马吴汉率舟师伐公孙述。……

----------------------------

①三将军：刘隆、臧宫、刘歆。　　②威虏将军：将军而加以威虏名号者。江州：汉县，故城在今重庆。　　③巴郡：秦郡，地在今四川。　　④下辩：汉县，故城在今四川剑阁县。⑤间人：伺机间隙之人。　　⑥黄石：滩名，在今四川彭水县。⑦辅威将军：将军而加辅威名号者。臧宫：字君翁，中兴功臣之一。　　⑧沈水：水名，在今四川射洪县东南；本或作沉水及沅水，皆非。

十二年……秋七月，威虏将军冯峻①拔江州，获田戎。九月，吴汉大破公孙述将谢丰于广都②，斩之。辅威将军臧宫拔涪城③，斩公孙恢④……冬十一月戊寅，吴汉、臧宫与公孙述战于成都⑤，大破之。述被创，夜死⑥。辛巳，吴汉屠成都，夷述宗族及延岑等⑦……十二月……遣骠骑大将军杜茂将众郡施刑屯北边⑧，筑亭候⑨，修烽燧⑩。

----------------------------

①峻：前作"骏"。　　②广都：汉县，故城在今四川双流县东南。　　③涪城：今四川绵阳市东。　　④公孙恢：公孙述

之弟。　⑤成都：秦县，明清为四川省治，今成都市。　⑥公孙述自将兵出城大战，汉护军高午奔阵刺之，洞其胸，堕马，左右舆入城，夜死。　⑦夷：灭。汉尽灭公孙氏及延岑等诸将二十余人，又放兵大掠，焚述宫室，光武闻而怒责之。　⑧施刑：一作"驰刑"，见《马援传》注。陇蜀既平，始修边备。⑨秦法，十里一亭，亭有长，为伺候望敌之所，故曰亭候。⑩边方作高土台，台上作桔槔，桔槔头有兜零（笼也），置薪草其中，常低之，有寇，即燃火举起以相告，曰烽，又多积薪，寇至则燔之，望其烟曰燧，昼燔燧，夜举烽。

　　十三年春正月……戊子，诏曰："往年已敕郡国，异味不得有所献御，今犹未止，非徒有豫养导择①之劳，至乃烦扰道上，疲费过所②。其令太官③勿复受。明敕下以远方口实④所以荐宗庙，自如旧制。"……　夏四月，大司马吴汉自蜀还京师，于是大飨将士，班劳策勋⑤。功臣增邑更封，凡三百六十五人。其外戚恩泽封者⑥四十五人。罢左右将军官⑦……益州传送公孙述瞽师、郊庙乐器、葆车、舆辇，于是法物始备⑧。时兵革既息，天下少事，文书调⑨役，务从简寡，至乃十存一焉……

--------------------------------

①豫养：谓未至献时，豫前养之。导：亦"择"也。　②过所：过关津之凭照。　③太官：官名，秩六百石，掌御膳饮食。　④口实：膳馐之事。　⑤班：布也。班劳：谓遍布劳

来之。策勋：其有功者以策书纪其勋。　　⑥恩泽封：谓推恩而封，非以功受爵。　　⑦左右将军：周官，至是罢之。　　⑧益州：汉置，辖境相当今成都市及周围地区。瞽师，乐师，取其无所见，于音声审也。郊庙乐器：钟磬之属。葆车：谓上建羽葆之车。葆：合聚五采羽之名。舆：车之总名。辇：驾人以行之车。法物：即指乐器、葆车、舆辇之属，中兴草创，今始得具备。⑨调：发也。

十四年春正月，起南宫前殿①……

----------------------------

①天下大定，始营宫室。

十五年春……初，巴蜀既平，大司马吴汉上书请封皇子，不许，重奏连岁。三月，乃诏群臣议。大司空融、固始侯通、胶东侯复、高密侯禹、太常登等①奏议曰："古者封建诸侯，以藩屏京师。周封八百②，同姓诸姬并为建国，夹辅王室，尊事天子，享国永长，为后世法。故《诗》云：'大启尔宇，为周室辅。'③高祖圣德，光有天下，亦务亲亲，封立兄弟诸子，不违旧章。陛下德横天地，兴复宗统，褒德赏勋，亲睦九族④，功臣宗室，咸蒙封爵，多受广地，或连属县。今皇子赖天，能胜衣趋拜⑤，陛下恭谦克让，抑而未议，群臣百姓，莫不失望。宜因盛夏吉时，定号位，以广藩辅⑥，明亲亲，尊宗庙，重社稷，应古合旧，厌塞众心。臣请大司空上舆地图⑦，太常择吉日，具礼仪。"制曰："可。"夏四月戊申，以太牢⑧告祠宗庙。丁巳，使大司空融告庙，封皇子辅为右翊公⑨，英为楚公⑩，阳为东海公⑪，康为济南公，苍为东平公⑬，延为淮阳公⑭，荆为山阳公⑮，衡为临淮公⑯，焉为左翊公⑰，京为琅邪公⑱……

----------------------------

①融：宝融。固始：前汉置县，后汉改名，即今安徽临泉县。通：李通。复：贾复，封胶东侯，参阅《吴祐传》注。高密：县名，今属山东。禹：指邓禹。太常：见前。登：未详。　②周代封建诸侯凡八百。　　③《诗经·鲁颂·闷宫》篇语。周成王封周公子伯禽于鲁，言"大开尔居，以为我周家之辅"。④九族：谓上自高祖，下至玄孙。　　⑤言赖天之祐，皆成长也。⑥《礼记·月令》谓"天子孟夏迎夏于南郊，还乃封诸侯，行爵出禄"，故奏言盛夏吉时为诸皇子定号位。　　⑦司空：水土之官，故请令上舆地图，以备择地而封。　　⑧太牢：牛羊豕皆具之称。　　⑨辅：郭后所生子。三辅中之冯翊，光武分为左右二郡，以右翊封辅，左翊封焉。建武初，朱祐议以为上无二王，臣爵皆不过公，故诸皇子皆封公，至十七年，复皆进为王。　　⑩英：许美人所生。楚：楚郡，见前。　　⑪阳：阴后所生。东海，见前。　　⑫康：郭后所生。济南：汉郡，地在今山东。　　⑬苍：阴后生。东平：汉县，今属山东。　　⑭延：郭后生。淮阳：地在今河南。　　⑮荆：阴后生。山阳：汉县，故城在今河南修武县。　　⑯衡：阴后生。临淮：汉郡，地在今安徽。　　⑰焉：郭后生。左翊：见上。　　⑱京：阴后生。琅邪：见前。

　　十六年……秋九月……郡国大姓及兵长、群盗，处处并起，攻劫在所，害杀长吏。郡县追讨，到则解散，去复屯结。青、徐、幽、冀四州尤甚①。冬十月，遣使者下郡国，听群盗自相纠擿②，五人共斩一人者，除其罪③。吏虽逗留回避故纵者，皆勿问，听以禽讨为效。其牧守令长坐界内盗贼而不收捕者，又以畏懦捐城委守者④，皆不以为负⑤，但取获贼多少为殿最⑥，唯蔽匿者乃罪之。于是更相追捕，贼并解散。徙其魁帅于它郡，赋田受禀，使安生业。自是牛马放牧，邑门不闭……初，王莽乱后，货币杂用布、帛、金、粟。是岁，始行五铢钱⑦。

---------------------------------

　　①青、徐：皆见《齐武王缜传》注。幽、冀：皆见《郑玄传》注。　②纠擿：犹"纠发"。　③除其罪：赦其本罪。④懦（ruǎn）：弱也。捐城：弃其城邑。委守：弃其所守。⑤负：败也。　⑥殿最：考课之等差，殿后之意，谓课居后，最凡要之首，谓课居先。　⑦五铢钱为马援所请复，参阅援传及注。

　　十七年……冬十月辛巳，废皇后郭氏为中山太后，立贵人阴氏为皇后①。进右翊公辅为中山王，食常山郡②。其余九国公③，皆即旧封进爵为王。甲申，幸章陵。修园庙，祠旧宅④，观田庐，置酒作乐，赏赐。时宗室诸母因酺悦，相与语曰："文叔少时谨信，与人不款曲，唯直柔耳。今乃能如此！"帝闻之，大笑曰："吾理⑤天下，亦欲以柔道行之。"乃悉为春陵宗室起祠堂……

---

①中山：见前阴氏，名丽华，有美名，更始元年，光武纳之，及即位，郭后以有子，得立为后，然光武之纳郭氏，本为羁縻刘扬计，宠阴氏如故，后郭后以宠衰怨怼，光武遂废之而立阴氏。　②食：并食也。常山：本名恒山，以避前汉文帝讳改（文帝名恒）。地在今河北。　③九国公：即前十五年所封。④春陵有白水陂，其阳为光武旧宅，宅南二里有白水，是即所谓白水乡也。　⑤理：即治。

十八年……是岁，罢州牧，置刺史①。

---

①武帝初置部刺史，掌奉诏条察州，秩六百石，成帝时，更名牧，秩二千石。哀帝时，先改刺史，后复为牧。经王莽变革，至建武元年，复置牧，兹又改置刺史，参阅《臧洪传》注。

十九年……夏……六月戊申，诏曰："《春秋》之义，立子以贵①。东海王阳，皇后之子，宜承大统。皇太子强，崇执谦退，愿备藩国。父子之情，重久违之②。其以强为东海王，立阳为皇太子，改名庄。"秋九月，南巡狩。壬申，幸南阳，进幸汝南南顿县舍③，置酒会，赐吏人，复南顿田租岁。老父前叩头言："皇考居此日久，陛下识知寺舍④，每来辄加厚恩，愿赐复十年。"帝曰："天下重器，常恐不任⑤，日复一日，安敢远期十岁乎？"吏人又言："陛下实惜之，何言谦也⑥？"帝大笑，复增一岁……

------

①《公羊传》曰："立嫡以长不以贤，立子以贵不以长。"②强以母郭氏被废，常戚戚不自安，数因左右及诸王陈请愿备藩国，光武不忍，迟回者数岁，至是始许焉。　③光武父钦为南顿令，见前，其地在汉属汝南郡。　④寺：司也，诸官府所止皆曰寺。光武尝从父至南顿，故谓识知官府寺舍。　⑤不任：不胜其任。　⑥言陛下实吝惜不肯复租，何必为此谦语。

二十年春二月戊子，车驾还宫……

二十一年……其冬，鄯善王、车师王等十六国皆遣子入侍奉献，愿请都护①。帝以中国初定，未遑外事，乃还其侍子，厚加赏赐。

------

①鄯善、车师：皆见《班超传》注。都护之官，置于西域，所以察西域诸国动静，以时奏闻，前汉宣帝始以郑吉为之，秩比二千石。参阅《班超传》注。

二十二年……乌桓①击破匈奴，匈奴北徙，幕南②地空。诏罢诸边郡亭候吏卒。

------------------------------

①乌桓：见《马援传》注。　　②幕南：即漠南，大漠之南，今内蒙古地。

二十三年……是岁，匈奴薁鞬日逐王比率部曲遣使诣西河内附①。

------------------------------

①薁（yù）鞬日逐王：其王号。比：王名。西河：地在黄河之西，故名。宣帝时，置西河北地属国，以处匈奴降人，故比诣之内附。比因上年左贤王蒲奴立为单于，已失位，怀恨，故密使奉匈奴地图投汉。

二十四年……匈奴薁鞬日逐王比遣使款五原塞①，求扞御北虏……冬十月②，匈奴薁鞬日逐王比自立为南单于，于是分为南、北匈奴。

------------------------------

①款：输诚也。五原：郡名，秦为九原，汉曰五原，地在今内蒙古。　　②一作十二月事。

二十五年春……南单于遣使诣阙贡献，奉蕃①称臣；又遣其左贤王击破北匈奴，却②地千余里……

------------------------------

①奉蕃：自称为蕃国。　　②却：退后。

　　二十六年春正月，诏有司增百官奉。其千石已上，减于西京旧制；六百石已下，增于旧秩①。初作寿陵②。将作大匠③窦融上言："园陵广袤，无虑所用④。"帝曰："古者帝王之葬，皆陶人瓦器，木车茅马⑤，使后世之人不知其处⑥。太宗识终始之义，景帝能述遵孝道⑦，遭天下反覆，而霸陵独完受其福，岂不美哉⑧！令所制地不过二三顷，无为山陵，陂池裁令流水而已⑨。"遣中郎将段郴授南单于玺绶，令入居云中⑩，始置使匈奴中郎将⑪，将兵卫护之。南单于遣子入侍，奉奏诣阙。于是云中、五原、朔方、北地、定襄、雁门、上谷、代八郡⑫民归于本土。遣谒者分将施刑补理城郭。发遣边民在中国者，布还诸县，皆赐以装钱⑬，转输给食。

------------------------------

　　①前以用度不足，吏禄薄少，今边鄙安靖，经费稍裕，故增奉劝廉，而内治加修矣。　　②预作之陵未有名，故称寿陵，经取久长之义。　　③将作大匠：景帝改秦将作少府为之，掌宫室，秩二千石。　　④东西曰"广"；南北曰"袤"。无虑：都凡也。融奏请园陵广袤及一切所采制度。　　⑤茅马：束茅为马。⑥制作简陋，则易毁坏，久而不辨陵寝之所在。　　⑦太宗：文帝庙号。文帝治山陵，皆瓦器，不以金银铜锡为饰，因其山，不起坟，遗诏因其地山川之故，不得有所改，景帝遵行之。　　⑧天下反覆：谓赤眉之乱。霸陵：文帝陵。赤眉掘长安诸帝陵，霸陵独

完。　　⑨言不须高作山陵，但令封土陂，作池不停水而已。
⑩云中：本秦置郡，汉分其东北部为定襄郡，今山西及内蒙古皆
有地属之，其西南部仍为云中郡，郡治云中县，即今内蒙古托克
托县。　　⑪使匈奴中郎将：见《臧洪传》注。其第一人任此职
者，即段郴也。　　⑫朔方：汉郡，即今内蒙古鄂尔多斯，武帝
逐匈奴，收河南地而置。北地：见前。定襄：见上云中注。雁
门、上谷、代，皆见《马援传》注。　　⑬装钱：办装之钱。

　　二十七年夏……五月丁丑，诏曰："昔契作司徒，禹作
司空，皆无'大'名，其令二府去'大'①。"又改大司马
为太尉……

--------------------------------

①朱祐奏宜令三公并去大名，以法经典，故有是诏。

　　中元元年①……是夏，京师醴泉涌出②，饮之者固疾皆
愈③，惟眇、蹇者不瘳④。又有赤草⑤生于水崖。郡国频上甘
露。群臣奏言："地祇灵应而朱草萌生⑥。孝宣帝每有嘉
瑞，辄以改元，神爵、五凤、甘露、黄龙，列为年纪⑦，盖
以感致神祇，表彰德信。是以化致升平，称为中兴。今天下
清宁，灵物仍降⑧。陛下情存损挹⑨，推而不居，岂可使祥
符显庆，没而无闻？宜令太史⑩撰集，以传来世。"帝不
纳。常自谦无德，每郡国所上，辄抑而不当，故史官罕得记
焉……

----------------------------

①是年即建武三十三年，本或作"建武中元元年"。　②泉味甘如醴，故称"醴泉"，《尚书·中候》谓俊乂在官，则醴泉出。　③固疾：久而不愈之疾。　④眇：瞽也。蹇：跛也。瘳（chōu）：病愈。　⑤赤草：朱草。《大戴礼》谓其日生一叶，至十五日以后，日落一叶，周而复始。　⑥《孝经·援神契》谓德至草木即朱草生。　⑦神爵、五凤、甘露、黄龙，皆宣帝年号，而列于年纪之书。　⑧仍：频也。　⑨挹：与"抑"通；损抑：谦退之意。　⑩太史：史官之长。


二年春……二月戊戌，帝崩于南宫前殿，年六十二①。遗诏曰："朕无益百姓，皆如孝文皇帝制度，务从约省②。刺史、二千石长吏皆无离城郭，无遣吏及因邮奏③。"

初，帝在兵间久，厌武事，且知天下疲耗，思乐息肩④。自陇、蜀平后，非儆急，未尝复言军旅。皇太子尝问攻战之事，帝曰："昔卫灵公问陈，孔子不对⑤，此非尔所及。"每旦视朝，日仄乃罢。数引公卿郎、将讲论经理，夜分乃寐。皇太子见帝勤劳不怠，承间谏曰："陛下有禹汤之明，而失黄老养性之福⑥，愿颐⑦爱精神，优游⑧自宁。"帝曰："我自乐此，不为疲也。"虽身济大业，兢兢如不及⑨，故能明慎政体，总揽权纲，量时度力，举无过事。退功臣而进文吏，戢⑩弓矢而散马牛，虽道未方古，斯亦止戈之武焉⑪。

---------------------------

①按光武起兵之年计之，当为"六十三"。　　②谓葬制皆从文帝。参阅前二十六年注。　　③令外官无离境守，无遣吏因邮以赴吊，盖以民心甫定，不欲以国丧烦动官吏，且恐地方无主，发生意外事故。　　④息肩：养息之意。　　⑤《论语》："卫灵公问陈于孔子，孔子对曰：'俎豆之事，则尝闻之矣，军旅之事，未之学也。'"　　⑥黄：黄帝；老：老子李耳。道家修炼，率祖黄、老。　　⑦颐：养也。　　⑧优游：闲暇自得貌。　　⑨兢兢：小心戒慎貌。　　⑩戢：藏兵。　　⑪止戈为"武"。

论曰：皇考南顿君初为济阳令①，以建平②元年十二月甲子夜，生光武于县舍，有赤光照室中。钦异焉，使卜者王长占之。长辟左右③曰："此兆吉不可言。"是岁县界有嘉禾生，一茎九穗④，因名光武曰秀。明年，方士有夏贺良者，上言哀帝，云："汉家历运中衰，当再受命。"于是改号为太初元年，称"陈圣刘太平皇帝"，以厌胜之。及王莽篡位，忌恶刘氏，以钱文有金刀，故改为货泉。或以货泉字文为"白水真人"⑤。后望气者苏伯阿为王莽使至南阳，遥望见春陵郭，喑⑥曰："气佳哉，郁郁葱葱然！"及始起兵还春陵，远望舍南，火光赫然属天，有顷不见。初，道士西门君惠、李守等亦云："刘秀当为天子。"⑦其王者受命，信有符乎？不然，何以能乘时龙而御天哉⑧？

------------------------------

①济阳：秦县，故城在今河南兰考县东北。　　②建平：前汉哀帝年号。　　③辟左右：辟除左右。　　④一茎九穗为祥瑞之兆。汉王充《论衡·吉验》："是岁有禾景天备火中，三本一茎九穗，长于禾一二尺，盖嘉禾也。"　　⑤钱字有"金刀"，而"劉"字正是"卯、金、刀"组成，王莽改称钱为"货泉"，"泉"字由"白、水"两字组成，故曰"白水真人"。　　⑥嗟（jiè）：叹声。　　⑦西门君惠好天文谶记。王莽时，尝言刘氏当复兴。刘歆为莽国师，以赤伏符有"刘秀发兵捕不道"之语，因于建平元年改名秀，字颖叔，欲以当之，后为莽所杀。李守，功臣李通父。　　⑧《周易·乾卦》："时乘六龙以御天。"

# 马皇后纪

明德马皇后，讳某①，伏波将军援之小女也②。少丧父母。兄客卿敏惠早夭③，母蔺夫人悲伤发疾慌惚。后时年十岁，干④理家事，敕制童御，内外咨禀，事同成人。初，诸家莫知者，后闻之，咸叹异焉。

----

①马皇后，显宗明帝之后。汉世皇后无谥，皆因帝谥以为称，东汉明帝始谥母阴后曰"烈"，其后多系帝谥，而以"德"为配，明德，即"明"为帝谥，"德"其配也。讳某：史失其名。②伏波将军援，详下《马援传》。　③惠：同"慧"。援卒，客卿亦夭，详下《马援传》及注。　④干：正也。

后尝久疾，太夫人令筮之，筮者曰："此女虽有患状，而当大贵，兆不可言也。"后又呼相者使占诸女，见后，大惊曰："我必为此女称臣。然贵而少子，若养他子者得力，乃当逾于所生。"

初，援征五溪蛮①，卒于师，虎贲中郎将梁松、黄门侍郎窦固等因谮之②，由是家益失势，又数为权贵所侵侮。后从兄严不胜忧愤，白太夫人绝窦氏婚③，求进女掖庭④。乃上书曰："臣叔父援，孤恩不报⑤，而妻子特获恩全，戴仰陛下，为天为父。人情既得不死，便欲求福。窃闻太子⑥、诸王，妃匹未备，援有三女，大者十五，次者十四，小者十三，仪状发肤，上中以上。皆孝顺小心，婉⑦静有礼。愿下相工，简其可否。如有万一⑧，援不朽于黄泉矣。又援姑姊妹并为成帝婕妤，葬于延陵⑨。臣严幸得蒙恩更生，冀因缘先姑，当充后宫。"由是选后入太子宫。时年十三。奉承阴后⑩，傍接同列，礼则修备，上下安之。遂见宠异，常居后堂。

--------------------------------

①五溪：即雄溪、横溪、酉溪、潕溪、辰溪，皆蛮夷所居，故谓五溪蛮。土俗"雄"作"熊"，"横"作"朗"，"潕"作"武"。援征五溪蛮事，详下《马援传》。　②虎贲中郎将：领虎贲郎，主宿卫，中郎将之杂号者。中郎将为秦置官，领五官署左署右署郎，故有五官中郎将诸名号，位亚将军，后又增置东西南北四中郎将，此外如虎贲中郎将、使匈奴中郎将等，皆为杂号中郎将。梁松：字伯升。黄门侍郎：给事黄门之内，六百石。黄门，宫门之黄色者。窦固：字孟孙。松固谮援事，见下《马援传》。　③梁松与窦固相比，谮陷马氏，当时窦氏有恃势向马氏求婚者，故马严愤绝之。　④掖庭：宫中旁舍，嫔妃所居地，别于正官而言。　⑤孤：负也。　⑥太子：光武太子，即显宗。　⑦婉：顺。　⑧万一：万一获选。　⑨成帝：前汉时帝，名骜，元帝子。婕妤（jié yú）：宫中女官名。汉制，

位在昭仪下，婕妤上，视上卿，秩比列侯。延陵：成帝陵，在扶风，去长安六十二里。　⑩阴后：光武后，阴氏名丽华。

　　显宗即位，以后为贵人①。时后前母姊女贾氏亦以选入，生肃宗②。帝以后无子，命令养之。谓曰："人未必当自生子，但患爱养不至耳。"后于是尽心抚育，劳悴过于所生。肃宗亦孝性惇笃③，恩性天至，母子慈爱，始终无纤介之间④。

--------------------------

　　①显宗：名庄，谥曰明。贵人：女官名，位次皇后。　②前母姊女：前母所生姊之女，故贾氏于马后为甥。肃宗：名炟（dá），谥曰章。　③惇（dūn）：厚也。笃：笃厚。　④纤介：犹微细。间：隙。

　　后常以皇祠未广，每怀忧叹，荐达左右，若恐不及。后宫有进见者，每加慰纳。若数所宠引，辄增隆遇。永平①三年春，有司奏立长秋宫②，帝未有所言。皇太后③曰："马贵人德冠后宫，即其人也。"遂立为皇后。

　　先是数日，梦有小飞虫无数赴著身，又入皮肤中而复飞出。既正位宫闱，愈自谦肃。身长七尺二寸，方口，美发。能诵《易》，好读《春秋》《楚辞》，尤善《周官》、董仲舒书④。常衣大练⑤，裙不加缘。朔望诸姬主朝请⑥，望见后袍衣疏粗，反以为绮縠⑦，就视，乃笑。后辞曰："此缯特宜染色，故用之耳。"六宫莫不叹息。

----

①永平：显宗年号。　②长秋官：皇后所居官。有司请立皇后，不敢指言，故以官称之。　③皇太后：即阴氏。　④《周官》：《周礼》。董仲舒书：前汉董仲舒所著《玉杯》《蕃（fán）露》《清明》《竹林》等。　⑤大练：粗厚之熟帛。⑥朝请：汉律，春曰朝，夏曰请。　⑦绮縠（qǐ hú）：斜纹之丝织物及绉纱。

帝尝幸苑囿离宫①，后辄以风邪露雾为戒，辞意款备，多见详择。帝幸濯龙中②，并召诸才人③，下邳王④已下皆在侧，请呼皇后。帝笑曰："是家⑤志不好乐，虽来无欢。"是以游娱之事，希尝从焉。

----

①苑囿：同"园囿"。离宫：行官，古帝王出游时驻跸之所。　②濯龙：园名，近北官。　③才人：古女官名。④下邳王：显宗子，名衍，封于下邳。下邳：故城在今江苏邳州市东。　⑤是家：犹云"是人"。

十五年，帝案地图，将封皇子，悉半诸国。后见而言曰："诸子裁食数县，于制不已俭乎？"帝曰："我子岂宜与先帝子等乎？岁给二千万足矣。"时楚狱连年不断，囚相证引，坐系者甚众①。后虑其多滥，乘间言及，恻然。帝感悟之，夜起彷徨，为思所纳②，卒多有所降宥。时诸将奏事及公卿较议难平者③，帝数以试后。后辄分解趣理，各得其情。每于侍执之际④，辄言及政事，多所毗补，而未尝以家私干。故宠敬日隆，始终无衰。

----

①楚狱：光武子楚王英谋反之狱也，所连及死徙者以千数。②为思所纳：为思后所纳之言。　　③较：明也。难平：难决也。　　④执：守也。侍执：犹言恃守。

及帝崩，肃宗即位，尊后曰皇太后。诸贵人当徙居南宫，太后感析别之怀，各赐王赤绶①，加安车②驷马，白越三千端③，杂帛二千匹，黄金十斤。自撰《显宗起居注》④，削去兄防参医药事⑤。帝请曰："黄门舅⑥旦夕供养且一年，既无褒异，又不录勤劳，无乃过乎！"太后曰："吾不欲令后世闻先帝数亲后宫之家，故不著也。"

----

①王赤绶：诸侯王所用赤色之绶。　　②安车：坐乘之车，别于立乘者。　　③白越：越布。　　④起居注：官名，汉时为宫中女史之任。　　⑤明帝体不安，召马防参预医药事，防甚勤劳。　　⑥时马防为黄门侍郎，故称。

建初①元年，[帝]欲封爵诸舅，太后不听。明年夏，大旱，言事者以为不封外戚之故，有司因此上奏，宜依旧典②。太后诏曰："凡言事者皆欲媚朕以要福耳。昔王氏五侯，同日俱封，其时黄雾四塞，不闻澍雨之应③。又田蚡、窦婴，宠贵横恣，倾覆之祸，为世所传④。故先帝防慎舅氏，不令在枢机之位⑤。诸子之封，裁令半楚、淮阳诸国⑥，常谓'我子不当与先帝子等'。今有司奈何欲以马氏比阴氏乎！吾为天下母，而身服大练，食不求甘，左右但著帛布，无香薰之饰者，欲身率下也。以为外亲见之，当伤心自敕，但笑言太后素好俭⑦。前过濯龙门上，见外家问起居者，车如流水，马如游龙，仓头衣绿褠⑧，领袖正白，顾视御者⑨，不及远矣。故不加谴怒，但绝岁用而已，冀以默愧其心，而犹懈怠，无忧国忘家之虑。知臣莫若君，况亲属乎？吾岂可上负先帝之旨，下亏先人之德，重袭西京败亡之祸哉！"⑩固不许。

　　帝省诏悲叹，复重请曰："汉兴，舅氏之封侯，犹皇子之为王也。太后诚存谦虚，奈何令臣独不加恩三舅乎⑪？且卫尉年尊，两校尉有大病⑫，如令不讳，使臣长抱刻骨之恨。宜及吉时，不可稽留。"太后报曰："吾反复念之，思令两善⑬。岂徒欲获谦让之名，而使帝受不外施之嫌哉⑭！昔窦太后欲封王皇后之兄，丞相条侯言：'受高祖约，无军功，非刘氏不侯⑮。'今马氏无功于国，岂得与阴、郭中兴之后等邪⑯？常观富贵之家，禄位重叠，犹再实之木，其根必伤⑰。且人所以愿封侯者，欲上奉祭祀，下求温饱耳。今祭祀则受四方之珍，衣食则蒙御府余资⑱，斯岂不足，而必当得一县乎？吾计之孰矣⑲，勿有疑也。夫至孝之行，安亲为上。今数遭变异，谷价数倍，忧惶昼夜，不安坐卧，而欲先营外封，违慈母之拳拳乎⑳！吾素刚急，有胸中气，不可不顺也。若阴阳调和，边境清静，然后行子之志，吾但当含饴㉑弄孙，不能复关政矣。"

----------------------------

①建初：肃宗年号。　②汉制，外戚以恩泽封侯，故曰旧典。　③前汉成帝元年，赐太后弟王谭、王商、王立、王根、王逢时爵关内侯。逾月，黄雾四塞。澍雨：时雨。　④田蚡（fén）：前汉景帝王皇后同母弟，封武安侯。武帝时，为相，贪骄，殁后，帝闻其与诸侯王私语，曰："使武安在者族矣。"窦婴：前汉文帝窦皇后从兄子，封魏其侯，亦武帝时相，坐与人朋党，弃市。　⑤枢机：指中央政权的机要部门或职位。　⑥裁：同"才"。楚：楚王英；淮阳：淮阳王延，皆光武子。半楚、淮阳诸国：楚、淮阳国土之半，不全封给也。显宗封诸皇子，悉半诸国，见前。　⑦言外亲并不自谨敕，惟笑言太后素好俭而已。⑧仓头：同"苍头"，谓仆隶也。绿褠：绿单衣。　⑨御者：身旁侍御之人。　⑩西京败亡之祸：指前汉外戚吕氏、窦氏、上官氏、霍氏等被诛事。　⑪三舅：指太后兄廖、防、光。⑫时廖为卫尉，防、光为校尉。　⑬两善：谓国无滥恩，外戚亦以安全。　⑭外施：谓以恩泽封爵外家。　⑮窦太后：前汉文帝后。王皇后：景帝后。兄：指王信。条侯：指周亚夫，时为汉景帝相。窦后欲封王信为侯，景帝辞让不获，因与条侯计，亚夫曰："高帝约：'非刘氏不得王，非有功不得侯，不如约，

天下共击之。'今信虽皇后兄，无功，侯之，非约也。"帝默然而止。　⑯光武为中兴汉室之主，先立郭氏为后，后又废郭而立阴氏。　⑰《文子》曰："再实之木根必伤，掘臧之家后必殃。"　⑱汉世，皇后家祀其父母，太官供具，御府令掌中衣服及补浣之属，饮食则太官主之。　⑲孰：同"熟"。　⑳拳拳：犹"勤勤"。　㉑饴（yí）：麦芽糖。

　　时新平主①家御者失火，延及北阁后殿。太后以为己过，起居不欢。时当谒原陵②，自引守备不慎，惭见陵园，遂不行。初，太夫人葬，起坟微高③，太后以为言，兄廖等即时减削。其外亲有谦素义行者，辄假借温言，赏以财位④。如有纤介，则先见严恪之色，然后加遣。其美车服不轨法度者，便绝属籍⑤，遣归田里。广平、巨鹿、乐成王⑥车骑朴素，无金银之饰，帝以白太后，太后即赐钱各五百万。于是内外从化，被服如一，诸家惶恐，倍于永平时。乃置织室，蚕于濯龙中，数往观视，以为娱乐。常与帝旦夕言道政事，乃教授诸小王，论议经书，述叙平生，雍和终日。

------------------------------

　　①新平主：无考。按光武父南顿令钦次女为新野主，名元。"平"疑"野"之讹。　②原陵：光武陵，方三百二十步，高六丈，去洛阳十五里，在临平亭东南。　③汉律，列侯坟高四丈，关内侯以下至庶人各有差。　④位：本可作官位解，惟马后既不称制，无赏外亲以官位之权，又后方力拒肃宗封三舅，岂

肯以官位授所亲，故"位"字疑"物"字转写之讹。　⑤当时外亲，宫中皆有名籍，得恣出入，绝其属籍，即除其籍上之名，自后遂不得入宫。　⑥广平王羡、巨鹿王恭、乐成王靖皆明帝子。

　　四年，天下丰稔，方垂①无事，帝遂封三舅廖、防、光为列侯。并辞让，愿就关内侯②。太后闻之曰："圣人设教，各有其方，知人情性莫能齐也。吾少壮时，但慕竹帛，志不顾命③。今虽已老，而复'戒之在得'，故日夜惕厉④，思自降损。居不求安，食不念饱。冀乘此道，不负先帝。所以化导兄弟，共同斯志，欲令瞑目之日，无所复恨。何意老志复不从哉！万年之日长恨矣！"廖等不得已，受封爵而退位归第焉。

------------------------------

　　①方垂：犹边陲。　②列侯爵位，较关内侯为尊，故辞让。廖等辞让，应移于太后语后"廖等不得已"之下，文方有序。　③言少慕古人书名竹帛，不顾命之长短。　④惕：惧。厉：危。

　　太后其年寝疾，不信巫祝小医，数敕绝祷祀。至六月，崩。在位二十三年，年四十余。合葬显节陵①。

------------------------------

　　①显节陵：明帝陵，方三百步，高八丈，其地故为富寿亭，西北去洛阳三十七里。

# 齐武王縯传

齐武王縯①，字伯升，光武之长兄也②。性刚毅，慷慨有大节。自王莽篡汉③，常愤愤，怀复社稷之虑，不事家人居业，倾身破产，交结天下雄俊。

莽末，盗贼群起，南方尤甚。伯升召诸豪杰计议曰："王莽暴虐，百姓分崩。今枯旱连年，兵革并起。此亦天亡之时，复高祖之业④，定万世之秋也⑤。"众皆然之。于是分遣亲客，使邓晨起新野⑥，光武与李通、李轶起于宛⑦。伯升自发舂陵子弟⑧，合七八千人，部署宾客，自称柱天都部⑨。使宗室刘嘉往诱新市、平林兵王匡、陈牧等⑩，合军而进，屠长聚及唐子乡⑪，杀湖阳尉⑫，进拔棘阳⑬，因欲攻宛。至小长安⑭，与王莽前队大夫甄阜、属正梁丘赐战⑮。时天密雾，汉军大败，姊元弟仲皆遇害，宗从死者数十人⑯。伯升复收会兵众，还保棘阳。阜、赐乘胜，留辎重于蓝乡⑰，引精兵十万南渡潢淳水⑱，临沘水⑲，阻两川间为营，绝后桥，示无还心。新市、平林见汉兵数败，阜、赐军大至，各欲解去，伯升甚患之。会下江兵五千余人至宜秋⑳，乃往为说合从之势，下江从之。语在《王常传》㉑。伯升于是大飨军士，设盟约。休卒三日，分为六部，潜师夜起，袭取蓝乡，尽获其辎重。明旦，汉军自西南攻甄阜，下江兵自东南攻梁丘赐。至食时，赐陈溃，阜军望见散走，汉兵急追之，却迫潢淳水，斩首溺死者二万余人，遂斩阜、赐。王莽纳言将军严尤、秩宗将军陈茂闻阜、赐军败㉒，引欲据宛。伯升乃陈兵誓众，焚积聚，破釜甑，鼓行而前，与尤、茂遇育阳下㉓，战，大破之，斩首三千余级。尤、茂弃军走，伯升遂进围宛，自号柱天大将军。王莽素闻其名，大震惧，购伯升邑五万户，黄金十万斤，位上公。使长安中官署及天下乡亭皆画伯升像于塾，旦起射之㉔。

------------------------------

①齐：汉国名，属青州，地在今山东。縯：音 yǎn。　　②光武有二兄，縯其长，次曰仲。　　③王莽：见《光武帝纪》注。④高祖定天下之业。　　⑤定万世之秋：言定天下，传之万世，此其时也。　　⑥邓晨：字伟卿，娶光武姊元，为中兴功臣之一。新野：见《光武帝纪》注。　　⑦李通、李轶：见《光武帝纪》注。轶初与光武同举事，后从更始，陷害伯升，旋又输诚于光武，卒为更始臣朱鲔所杀。宛：见《光武帝纪》注。　　⑧春陵：见《光武帝纪》注。　　⑨柱天：谓若天之柱也。都部：犹都统。　　⑩刘嘉：字孝孙，光武族兄，封顺阳侯。新市：又作南新市，汉县，后为侯国，故城在今湖北京山县东北。平林：汉乡，晋县，故城在今湖北随州。时盗贼群起，新市人王匡、王凤及马武、东鲔、张卬等率众入南阳，号新市兵。平林人陈牧、廖湛聚众余人，号平林兵。　　⑪离城郭远者，大曰乡，小曰聚。

唐子乡：今河南沁源县南百里有唐子山，乡即在山麓西南。

⑫湖阳尉：见《光武帝纪》注。　　⑬棘阳：见《光武帝纪》注。　　⑭小长安：聚名，今属南阳市。　　⑮隊（suì）：王莽置有六隊郡：南阳为前隊，河内为后隊，颍川为左隊，弘农为右隊，河东为兆隊，荥阳为祈隊，每隊置大夫一人，其职如太守。六隊郡，每隊置属正一人，其职如都尉。　　⑯宗从：指群从子弟。　　⑰辎重：指粮食服装等物。蓝乡：今新野县东有蓝乡。⑱潢淳水：在今河南唐河县。　　⑲沘水：见《光武帝纪》注。⑳王匡、王凤等初起新市，王常、成丹、张卬等皆从之，聚众藏绿林山中，后大疾疫，乃各分散，匡等入南阳为新市兵，常、丹、卬等入南郡，号下江兵。宜秋：聚名，在今沁源县东南。㉑王常：见《光武帝纪》注。下江军既至宜秋，伯升与光武、李通俱造常壁，说以合从之利，常从之，丹、卬不欲，常晓说其将帅，因皆听命。　　㉒纳言：虞官，掌出纳王命，历秦汉不置，王莽改大司农为之，以其典兵，故有将军号。严尤：字伯石，本作庄尤，以显宗名庄，避作“严”。秩宗：亦虞官，掌郊庙之事，历秦汉皆不置，王莽改太常为之，亦以典兵而加将军号。㉓育阳：汉县，故城在今河南南阳。　　㉔埻：与“埻”通，埻（zhǔn）：的也。王莽使射伯升像，乃厌胜之术。

自阜、赐死后，百姓日有降者，众至十余万。诸将会议立刘氏以从人望，豪杰咸归于伯升，而新市、平林将帅乐放纵，惮伯升威明而贪圣公懦弱①，先共定策立之，然后使骑召伯升，示其议。伯升曰：“诸将军幸欲尊立宗室，其德甚厚，然愚鄙之见，窃有未同。今赤眉起青、徐，众数十万②，闻南阳立宗室，恐赤眉复有所立，如此，必将内争③。今王莽未灭，而宗室相攻，是疑天下而自损权④，非所以破莽也。且首兵唱号，鲜有能遂，陈胜、项籍，即其事也⑤。春陵去宛三百里耳，未足为功⑥。遽自尊立，为天下准的⑦，使后人得承吾敝⑧，非计之善者也。今且称王以号令。若赤眉所立者贤，相率而往从之；若无所立，破莽降赤眉，然后举尊号，亦未晚也。愿各详思之。"诸将多曰"善"。将军张卬拔剑击地曰："疑事无功⑨。今日之议，不得有二！"众皆从之。

------------------------------

①圣公：见《光武帝纪》注。　②赤眉：当时农民起义军。王莽末，青、徐大饥，寇贼蜂起，有琅邪人樊崇者，在莒起兵，群盗以其勇猛，争附之，众至数万，莽遣将击之，崇等欲战，恐部下与莽兵相混，乃皆朱其眉以相识别，由是号曰赤眉。青：青州，汉所置，今山东之大部。徐：徐州，汉所置，地跨今江苏、山东，治郯，故城在今山东郯城县西南，后徙治江苏之彭城，遂以其地为徐州。　③南阳：见《光武帝纪》注。此指伯升兄弟，以其皆南阳人也。赤眉后转战入长安，果立宗室盆子为帝，旋为光武所剿灭。　④宗室争立，则天下莫知所从，是疑天下之心而自损其权。　⑤陈胜：字涉。项籍：字羽。秦得天下，暴虐百姓，胜首先发难，举兵与抗，籍亦继起，胜称王，诸将不亲，为其下所杀，籍与高祖争天下，亦败死。　⑥言自春

陵举兵至宛，所进不过三百里，不足为功。　　⑦准的：犹中矢
之的，射者皆以为标准。　　⑧言天下既以为准的，遂共相注
目，我因应付之劳敝，得使后来者乘之也。承：与"乘"通。
⑨疑事无功：言作事有疑，则不能见功，语见《战国策》。

　　圣公既即位，拜伯升为大司徒①，封汉信侯。由是豪杰
失望，多不服。平林后部攻新野，不能下。新野宰②登城言
曰："得司徒刘公一信③，愿先下。"及伯升军至，即开城
门降。五月，伯升拔宛。六月，光武破王寻、王邑④。自是
兄弟威名益甚。更始君臣不自安⑤，遂共谋诛伯升，乃大会
诸将，以成其计。更始取伯升宝剑视之，绣衣御史申屠建随
献玉玦⑥，更始竟不能发。及罢会，伯升舅樊宏⑦谓伯升曰：
"昔鸿门之会，范增举玦以示项羽⑧。今建此意，得无不善
乎？"伯升笑而不应。初，李轶谄事更始贵将⑨，光武深疑
之，常以戒伯升曰："此人不可复信。"又不受。伯升部将
宗人刘稷，数陷陈溃围，勇冠三军。时将兵击鲁阳⑩，闻更
始立，怒曰："本起兵图大事者，伯升兄弟也，今更始何为
者邪？"更始君臣闻而心忌之，以稷为抗威将军，稷不肯
拜。更始乃与诸将陈兵数千人，先收稷，将诛之，伯升固
争。李轶、朱鲔因劝更始并执伯升，即日害之。有二子。建
武二年，立长子章为太原王⑪，兴为鲁王⑫。十一年，徙章
为齐王。十五年，追谥伯升为齐武王……

----------------------------

①大司徒：见《光武帝纪》注。　　②王莽改令长为宰。时潘临为新野宰。　　③一信：一为证信。　　④此即所谓昆阳之战。莽之败亡，汉室之中兴，皆由于此。时寻、邑将兵百万，更有长人巨无霸驱猛兽以助威武，出兵之盛，自秦汉以来所未；既败，寻死邑逃，尽获其辎重军实车甲珍宝，举之连月不尽。⑤圣公既即位，建元更始，立三年，赤眉入长安，更始降之，被杀；是年，光武先即帝位，建元建武。　　⑥绣衣御史：前汉武帝置，衣绣者，尊宠之也。玉玦：玉佩之作半环形者。玦，决也，建献示更始，令早决断。　　⑦樊宏：字靡卿，父名重，伯升兄弟之父名钦，娶重女娴都，故宏于伯升为舅。　　⑧鸿门：地名，在陕西临潼东，高祖与项羽，同受楚怀王命，入关灭秦。高祖先入，项羽至，见已有兵守关，怒，欲击高祖兵，高祖兵少，虑不敌，乃卑辞以谢之。明日，往过羽于鸿门，羽留高祖饮，羽臣范增数目羽，举所佩玉玦示之者三，羽不应。　　⑨更始贵将，朱鲔等。　　⑩鲁阳：汉县，今河南鲁山县。　　⑪太原：秦置郡，在今山西。　　⑫鲁：汉国名，本属徐州，光武改属豫州，地在今山东。光武次兄仲殁于小长安，因以兴嗣仲，别封王，后遂谥仲为鲁哀王。


论曰：大丈夫之鼓动拔起，其志致盖远矣。若夫齐武王之破家厚士，岂游侠下客之为哉①！其虑将存乎配天之绝业，而痛明堂之不祀也②。及其发举大谋，在仓卒扰攘之中，使信先成于敌人③，赦岑彭以显义④，若此足以见其度

矣。志高虑远,祸发所忽⑤。呜呼! 古人以蜂虿为戒⑥,盖
畏此也。《诗》云: "敬之敬之,命不易哉。⑦"

----------------------------------

①下客:谓折节下士。　　②王者以远祖配天,以父配上帝
于明堂,言伯升之志,将复汉家已绝之王业,仍修祭祀也。明堂:
明政教之堂。古祀上帝,祭先祖,朝诸侯,养老,尊贤,凡关于大
典礼者,皆于此行之。　　③即指新野宰须伯升一信而降事。
④岑彭:字君然。伯升攻宛时,彭为守,食尽始降,诸将欲诛
之,伯升特赦之。彭遂为中兴功臣之一。　　⑤忽:轻忽。祸发
所忽:即指不用樊宏、光武之言而被害也。　　⑥春秋时,鲁臣臧
文仲谓其君曰:"君其无谓邾小,蜂虿有毒,而况国乎。"
⑦《诗经·周颂》之词。言敬之敬之,其命不易保。

# 马 援 传

　　马援，字文渊，扶风茂陵人也①。其先赵奢为赵将，号曰马服君②，子孙因为氏。武帝时，以吏二千石自邯郸徙焉③。曾祖父通，以功封重合侯④，坐兄何罗反，被诛⑤，故援再世不显⑥。援三兄况、余、员，并有才能，王莽时皆为二千石⑦。援年十二而孤，少有大志，诸兄奇之。尝受《齐诗》⑧，意不能守章句，乃辞况，欲就边郡田牧。况曰：“汝大才，当晚成。良工不示人以朴，且从所好⑨。”会况卒，援行服期年，不离墓所；敬事寡嫂，不冠不入庐⑩。

------------------------------

　　①扶风：郡名，汉为右扶风，今陕西凤翔等处。茂陵：本前汉武帝陵，因置为县，在今陕西兴平市东北。　　②赵奢：战国时为赵将，赵惠文王以其有功，赐爵号为马服君。　　③武帝：前汉帝，名彻。邯郸：战国时赵都。赵奢子孙，武帝时，有为茂陵吏者，因自邯郸徙居茂陵。　　④重合：县名，汉时属勃海郡，后废。　　⑤前汉武帝晚年，江充用事，充与太子据有隙，恐帝崩后被诛，遂以事诬太子，太子收斩充，何罗与充善，惧祸及，故反。何罗马姓，《前汉书》作“莽”。　　⑥援再世不显：言其祖及父皆不得为显任。　　⑦援兄况，字君平，王莽时

为河南太守。余，字圣卿，为中垒校尉。员，字季主，为连山太守。王莽：见《光武帝纪》注。　　⑧《齐诗》：前汉东海后苍所传之《诗经》，其时除《齐诗》外，犹有《鲁诗》及《韩诗》，后此三家皆不传，独传毛公所传，即今之《诗经》也，故《诗经》又别称《毛诗》。　　⑨朴：与"璞"同，未治之玉。且从所好：从其所请也。　　⑩庐：舍也。

　　后为郡督邮①，送囚至司命府②，囚有重罪，援哀而纵之，遂亡命北地。遇赦，因留牧畜，宾客多归附者，遂役属数百家。转游陇汉间，常谓宾客曰："丈夫为志，穷当益坚，老当益壮。"因处田牧，至有牛、马、羊数千头，谷数万斛。既而叹曰："凡殖货财产③，贵其能施赈也，否则守钱虏耳。"乃尽散以班昆弟故旧④，身衣羊裘皮绔⑤。

----------------------------

　　①督邮：汉官名，为郡守佐吏，主督察属县过失。邮即"尤"之借字。　　②司命府：司命官之府，王莽所置，自上公以下皆纠察。　　③兴生财利曰"殖"。　　④班：分给。　　⑤绔：与"袴"同。

　　王莽末，四方兵起，莽从弟卫将军林广招雄俊，乃辟援及同县原涉为掾①，荐之于莽。莽以涉为镇戎大尹，援为新成大尹②。及莽败，援兄员时为增山连率③，与援俱去郡，复避地凉州④。世祖⑤即位，员先诣洛阳，帝遣员复郡，卒于官。援因留西州⑥，隗嚣甚敬重之⑦，以援为绥德将军，与决筹策。

------------------------------

①原涉：字巨先，亦茂陵人。掾（yuán）：属官。　　②王莽改太守为大尹，改天水郡为镇戎，改汉中郡为新成。　　③王莽改上郡为增山。连率：亦太守也。莽法，典郡者，公为牧，侯称卒正，伯称连率，其无封爵者为尹。　　④凉州：汉置州，今甘肃一带地。　　⑤世祖：光武庙号。　　⑥西州：即凉州一带地，隗嚣据其处，自称西州上将军。　　⑦隗嚣（wěi xiāo）：字季孟，天水成纪人，据陇西，初附光武，后叛附公孙述，光武征之，嚣奔死。


是时，公孙述称帝于蜀①，嚣使援往观之。援素与述同里闬②，相善，以为既至当握手欢如平生，而述盛陈陛卫③，以延援入，交拜礼毕，使出就馆，更为援制都布单衣④，交让冠，会百官于宗庙中，立旧交之位。述鸾旗旄骑，警跸就车，磬折而入⑤，礼飨官属甚盛，欲授援以封侯大将军位。宾客皆乐留，援晓之曰：“天下雄雌未定，公孙不吐哺走迎国士，与图成败⑥，反修饰边幅⑦，如[偶]俑人形⑧，此子何足久稽天下士乎⑨！”因辞归，谓嚣曰：“子阳井底蛙耳⑩，而妄自尊大，不如专意东方⑪。”

------------------------------

①公孙述：字子阳，王莽时，为蜀郡守，及豪杰蜂起，述遂

称帝于蜀，号成家，后为光武将吴汉所灭。　　②闬（hàn）：里门。述亦扶风茂陵人。　　③陛卫：殿陛设卫。　　④都布单衣：白叠布所制之单层衣。　　⑤鸾旗：天子之旗。鸾亦作"銮"。旄骑：前驱骑士，解髻披发，亦称旄头骑。警跸：天子出入，所以戒行路之人。磬折：屈身如磬之曲折，恭敬之貌。　　⑥周公旦诚子伯禽曰："吾一沐三握发，一食三吐哺，起以待士，犹恐失天下之贤人。"哺：食物。　　⑦修饰边幅：言若布帛修整其边幅。　　⑧俑人：偶人，有面目机发，似于生人。　　⑨稽：留。　　⑩井底蛙：喻述志识狭浅，如井底之蛙。　　⑪东方：指光武。

建武四年冬，嚣使援奉书洛阳。援至，引见于宣德殿。世祖迎笑谓援曰："卿遨游二帝间①，今见卿，使人大惭②。"援顿首辞谢，因曰："当今之世，非独君择臣也，臣亦择君矣。臣与公孙述同县，少相善。臣前至蜀，述陛戟而后进臣。臣今远来，陛下何知非刺客奸人，而简易若是③？"帝复笑曰："卿非刺客，顾说客耳。"援曰："天下反覆，盗名字者不可胜数。今见陛下，恢廓大度④，同符高祖，乃知帝王自有真也！"帝甚壮之。

------------------------------

①二帝：犹二主，指隗嚣、公孙述。　　②大惭：谦言恐不如嚣、述。　　③援初到，光武在宣德殿南庑下袒帻而见之，故云简易。　　④恢廓：言其广大。

援从南幸黎丘，转至东海。及还，以为待诏①，使太中大夫来歙②持节送援西归陇右。隗嚣与援共卧起，问以东方流言③及京师得失。援说嚣曰："前到朝廷，上引见数十，每接燕语，自夕至旦，才明勇略，非人敌也。且开心见诚，无所隐伏，阔达多大节，略与高帝同。经学博览，政事文辩，前世无比。"嚣曰："卿谓何如高帝？"援曰："不如也。高帝无可无不可；今上好吏事，动如节度，又不喜饮酒④。"嚣意不怿，曰："如卿言，反复胜邪？"然雅信援，故遂遣长子恂入质。援因将家属随恂归洛阳。

----------------------------

①汉时，四方上书之人，皆待诏公车。公车，官署名称。诸待诏者皆居以待命，故其时待诏乃望文生义之号，非实职，至唐代始为官称。　　②太中大夫：秦置官，掌议论。来歙：字君叔，以信义著称。　　③流言：犹传言。　　④"不如也"为断句，下四句并非言光武之不如高祖，正言其胜于高祖，不然光武之不喜饮酒，亦为不如高祖之喜饮酒矣；盖援特作此抑扬语以歆动隗嚣。

居数月而无它职任①。援以三辅②地旷土沃，而所将宾客猥多③，乃上书求屯田上林苑中④，许之。会隗嚣用王元计，意更狐疑⑤，援数以书记责譬于嚣，嚣怨援背己，得书增怒，其后遂发兵拒汉。援乃上疏曰："臣援自念归身圣朝，

奉事陛下，本无公辅一言之荐，左右为容之助⑥。臣不自
陈，陛下何因闻之。夫居前不能令人轻，居后不能令人
轩⑦，与人怨不能为人患，臣所耻也。故敢触冒罪忌，昧死
陈诚。臣与隗嚣，本实交友。初，嚣遣臣东，谓臣曰：'本
欲为汉，愿足下往观之。于汝意可，即专心矣。'及臣还
反，报以赤心，实欲导之于善，非敢谄以非义。而嚣自挟奸
心，盗憎主人⑧，怨毒之情，遂归于臣。臣欲不言，则无以
上闻。愿听诣行在所，极陈灭嚣之术⑨，得空匈腹，申愚
策，退就陇亩，死无所恨！"帝乃召援计事，援具言谋画。
因使援将突骑五千，往来游说嚣将高峻、任禹之属，下及羌
豪，为陈祸福，以离嚣[友]支党。

------------------------------

①援才略兼人，又好纵横策画，时方为嚣送质于汉，光武犹
未敢置信，故未得官，待诏而已。　　②三辅：见《光武帝纪》
注。　　③猥：多，杂。　　④上林苑：地跨今长安、咸阳、周
至、户县、蓝田，本秦旧苑，前汉武帝更增广之。　　⑤王元：
嚣将，说嚣不宜听援说东附光武，应自图建树，嚣善其计，虽
遣子入质，又复狐疑。狐疑，心不定。　　⑥前汉邹阳上梁孝
王书曰："蟠木根柢，轮囷离奇，而为万乘器者，以左右先为
之容也。"蟠木，屈曲之木。万乘器，天子车舆之属。容，谓
雕刻加饰。　　⑦车前高曰轩，后低曰轻，居前二语，言其人
无足重轻也。　　⑧盗憎主人：语见《左传》，言被盗之主有
言，则不利于盗，故憎之，以喻隗嚣之于光武。　　⑨天子以四

海为家，故谓所居为行在所。时光武未深信援，援恐嚣叛而已亦见疑，故欲面陈灭嚣之术以自白。

　　援又为书与嚣将杨广，使晓劝于嚣曰："春卿无恙①。前别冀南②，寂无音驿。援间还长安，因留上林。窃见四海已定，兆民同情，而季孟闭拒背畔，为天下表的③。常惧海内切齿，思相屠裂，故遗书恋恋，以致恻隐之计。乃闻季孟归罪于援，而纳王游翁诡邪之说④，自谓函谷以西，举足可定。以今而观，竟何如邪？援间至河内⑤，过存伯春⑥，见其奴吉从西方还，说：'伯春小弟仲舒望见吉，欲问伯春无它否，竟不能言，晓夕号泣，婉转尘中。'又说：'其家悲愁之状，不可言也。'夫怨仇可刺不可毁，援闻之，不自知泣下也⑦。援素知季孟孝爱，曾、闵不过。夫孝于其亲，岂不慈于其子？可有子抱三木，而跳梁妄作，自同分羹之事乎⑧？季孟平生自言所以拥兵众者，欲以保全父母之国而完坟墓也，又言苟厚士大夫而已⑨。而今所欲全者将破亡之，所欲完者将毁伤之，所欲厚者将反薄之。季孟尝折愧子阳而不受其爵⑩，今更共陆陆⑪，欲往附之，将难为颜乎？若复责以重质，当安从得子主给是哉⑫！往时子阳独欲以王相待，而春卿拒之；今者归老，更欲低头与小儿曹共槽枥而食⑬，并肩侧身于怨家之朝乎？男儿溺死何伤而拘游哉⑭！今国家待春卿意深，宜使牛孺卿与诸耆老大人共说季孟⑮，若计画不从，真可引领去矣。前披舆地图，见天下郡国百有六所，奈何欲以区区二邦以当诸夏百有四乎⑯？春卿事季孟，外有君臣之义，内有朋友之道。言君臣邪，固当谏争；语朋友邪，应有切磋⑰。岂有知其无成，而但委腰咋舌，叉手从族乎⑱？及今成计，殊尚善也；过是，欲少味矣⑲。且来君叔天下信士，朝廷重之，其意依依，常独为西州言。援商朝廷，尤欲立信于此，必不负约⑳。援不得久留，愿急赐报！"广竟不答。

--------------------------------

①春卿：杨广字。　　②冀南：天水冀县。　　③表：犹标。的：射的。言嚣背叛之罪，为天下所指射。　　④王游翁：即王元，元字惠孟，游翁为其别字。　　⑤河内：大河以北之总称，时其地属于光武。　　⑥存：问也。伯春：嚣子恂字，时方为质于汉。　　⑦毁：谤伤。怨仇可刺不可毁：或系当时成语，时嚣已与援为仇，援不妨言之光武，诛其质子，然闻其家愁苦之状，不禁下泪，虽有仇恨，不忍出此。　　⑧曾、闵：孔子弟子曾参、闵子骞，皆以孝闻者。三木：刑具，械颈与手足。跳梁：犹跳跃。分羹：指乐羊事。乐羊，战国时魏将，攻中山，中山君烹其子而遗之羹，乐羊啜之尽一杯。　　⑨言但与士大夫厚相结。　　⑩愧：辱也。公孙述尝使使以大司空扶安王印绶授嚣，嚣耻为所臣，斩其使。　　⑪陆陆：犹碌碌，凡庸而无所建树之状。　　⑫言蜀若复责质子，当何从得子专主给之乎。　　⑬槽枥：饲马之具。　　⑭拘游：必拘于浮游，以冀延残喘也。　　⑮牛孺卿：嚣将牛邯。大人：谓豪杰。　　⑯二邦：指嚣与公孙述。诸夏：

犹中国也。　　⑰骨曰切，象曰磋，言朋友之道，如切磋以成器
也。　　⑱萎腇（wěi něi）：蓄缩貌。咋（zé）：啮也。咋舌：
不言貌。叉手：不动貌。言岂可蓄缩而嘿声，措手以就族灭。
⑲言过此以往，即如食物然，味欲薄矣。　　⑳光武以嚣、述未
平为忧，来歙言与嚣有旧，请往说之，嚣听歙言，遂遣子恂入
质，后信王元，有贰心，故援以来君叔必不相欺为言。商：度
也。


　　八年，帝自西征嚣，至漆①，诸将多以王师之重，不宜
远入险阻，计尤豫未决②。会召援，夜至，帝大喜，引入，
具以群议质之③。援因说隗嚣将帅有土崩之势，兵进有必破
之状。又于帝前聚米为山谷，指画形势，开示众军所从道径
往来，分析曲折，昭然可晓。帝曰："虏在吾目中矣！"明
旦，遂进军。至第一④，嚣众大溃。

------------------------------

　　①漆：县名，汉时属右扶风。　　②尤（yóu）豫：即狐疑。
③质：问而取决。　　④第一：故城名，在今宁夏固原市。


　　九年，拜①援为太中大夫，副来歙监诸将平凉州。自王
莽末，西羌寇边，遂入居塞内，金城属县②，多为虏有。来
歙奏言："陇西侵残，非马援莫能定。"十一年夏，玺书拜
援陇西太守③。援乃发步骑三千人，击破先零羌于临洮④，
斩首数百级，获马、牛、羊万余头。守塞诸羌八千余人诣援

降。诸种有数万，屯聚寇钞，拒浩亹隘⑤。援与扬武将军马成击之⑥。羌因将其妻子辎重移阻于允吾谷⑦，援乃潜行间道，掩赴其营。羌大惊坏，复远徙唐翼谷中⑧，援复追讨之。羌引精兵聚北山上，援陈军向山，而分遣数百骑绕袭其后，乘夜放火，击鼓叫噪⑨，虏遂大溃，凡斩首千余级。援以兵少，不得穷追，收其谷粮畜产而还。援中矢贯胫，帝以玺书劳之，赐牛羊数千头，援尽班诸宾客。

------------------------------

①授官曰"拜"。　　②金城：西汉置县，治今兰州市西北西固城。　　③玺书：秦汉时诏敕之别称；盖秦以来惟天子之印章称玺，故玺书惟天子得用之。陇西、太守：皆见《光武帝纪》注。　　④先零羌：汉时羌族名。临洮：汉县名，属陇西郡。⑤浩亹（gào mén）：汉县名，治今甘肃永登县。　　⑥马成：字君迁。　　⑦允吾谷：治今甘肃永登县。　　⑧唐翼谷：在允吾谷西。　　⑨噪（zào）：群呼声。

是时，朝臣以金城破羌之西①，途远多寇，议欲弃之。援上言："破羌以西，城多完牢，易可依固；其田土肥壤②，灌溉流通，如令羌在湟中③，则为害不休，不可弃也。"帝然之，于是诏武威太守，令悉还金城客民④。归者三千余口，使各反旧邑。援奏为置长吏，缮城郭，起坞候⑤，开导水田，劝以耕牧，郡中乐业。又遣羌豪杨封譬说塞外羌，皆来和亲。又武都氐人背公孙述来降者⑥，援皆上复其侯王君长⑦，赐印绶，帝悉从之。乃罢马成军。

----------------------------

①破羌：汉县，属金城郡，故城在今青海乐都县西。　　②壤：肥也。　　③湟中：湟水左右，水经碾伯，与今甘肃之大通河合，入于黄河。　　④武威：汉郡名，今甘肃武威市。太守：指梁统。金城客民：金城民之客居武威者。　　⑤坞：小障，村落外筑土为堡，藉以保障守卫也。一曰小城。　　⑥武都：汉郡名，在今甘肃。　　⑦塞外各侯王君长，王莽时，皆贬其位号，故援皆奏复之。

十三年，武都参狼羌与塞外诸种为寇，杀长吏。援将四千余人击之，至氐道县①，羌在山上，援军据便地，夺其水草，不与战，羌遂穷困，豪帅数十万户亡出塞，诸种万余人悉降，于是陇右清静。

----------------------------

①氐道县：属陇西郡，治今甘肃礼县西北。

援务开恩信，宽以待下①，任吏以职，但总大体而已。宾客故人，日满其门。诸曹时白外事，援辄曰："此丞、掾之任②，何足相烦。颇哀老子，使得遨游。若大姓侵小民，黠羌欲旅距③，此乃太守事耳。"傍县尝有报仇者，吏民惊言羌反，百姓奔入城郭。狄道长诣门④，请闭城发兵。援时与宾客饮，大笑曰："烧虏何敢复犯我。晓狄道长归守寺舍，良怖急者，可床下伏⑤。"后稍定，郡中服之。

----------------------------

①一说，"恩""宽"二字互讹。 ②丞：郡县之属官。掾：见前。 ③旅距：聚众抗拒。 ④狄道：县名，汉属陇西郡，今属甘肃临洮。 ⑤烧虏：烧羌也，即羌之烧当种。晓：喻也。寺舍：官舍。良：甚。

视事六年，征入为虎贲中郎将①。初，援在陇西上书，言宜如旧铸五铢钱②。事下三府③，三府奏以为未可许，事遂寝。及援还，从公府求得前奏，难十余条，乃随牒解释④，更具表言。帝从之。天下赖其便。援自还京师，数被进见。为人明须发，眉目如画，闲于进对⑤，尤善述前世行事。每言及三辅长者⑥，下至闾里少年，皆可观听。自皇太子、诸王侍闻者，莫不属⑦耳忘倦。又善兵策，帝常言"伏波⑧论兵，与我意合"，每有所谋，未尝不用。

----------------------------

①虎贲中郎将：见《马皇后纪》注。 ②五铢钱：始铸于前汉武帝时，王莽废之。 ③三府：三公之府。前汉以大司马、大司徒、大司空为三公，后汉以太尉、司徒、司空为三公。④前奏难凡十三条，援一一解之。牒：官文书名。 ⑤闲：同"娴"，熟练之意。 ⑥三辅：见前。 ⑦属（zhǔ）：有所专注之意。 ⑧援封伏波将军，事见后。

　　初，卷人维汜，讹言称神①，有弟子数百人，坐伏诛。后其弟子李广等宣言汜神化不死，以诳惑百姓。十七年，遂共聚会徒党，攻没皖城②，杀皖侯刘闵，自称“南岳大师”。遣谒者张宗③将兵数千人讨之，复为广所败。于是使援发诸郡兵，合万余人，击破广等，斩之。又交阯女子徵侧及女弟徵贰反，攻没其郡，九真、日南、合浦蛮夷皆应之④，寇略岭外六十余城，侧自立为王。于是玺书拜援伏波将军，以扶乐侯刘隆为副⑤，督楼船将军段志等南击交阯。军至合浦而志病卒，诏援并将其兵。遂缘海而进，随山刊道千余里⑥。十八年春，军至浪泊上，与贼战⑦，破之，斩首数千级，降者万余人。援追徵侧等至禁溪⑧，数败之，贼遂散走。明年正月，斩徵侧、徵贰，传首洛阳。封援为新息侯⑨，食邑三千户。援乃击牛酾酒⑩，劳飨军士。从容谓官属曰：“吾从弟少游常哀吾慷慨多大志，曰：‘士生一世，但取衣食裁足，乘下泽车，御款段马⑪，为郡掾史，守坟墓，乡里称善人，斯可矣。致求盈余，但自苦耳。’当吾在浪泊、西里间⑫，虏未灭之时，下潦上雾，毒气重蒸⑬，仰视飞鸢跕跕堕水中⑭，卧念少游平生时语，何可得也！今赖士大夫之力，被蒙大恩，猥先诸君纡佩金紫⑮，且喜且惭。”吏士皆伏称万岁。

------------------------------

　　①卷：汉县名，属河南郡。维汜（sì）：人名。讹：同“妖”。
　　②皖：县名，汉属庐江郡，治今安徽潜山县。　　③谒者：见前。

张宗：字诸君。　　④交阯：汉郡，今越南中北部。九真：汉郡，今越南之河内以南顺泰以北清华义安等地。日南：亦汉郡，即今越南之顺化等处。合浦：亦汉郡，今属广东省。　　⑤扶乐：乡名，在河南扶沟县。刘隆：字元伯。　　⑥刊（kān）：除也。⑦浪泊：湖名，在越南河内，越南称为西湖，其地高。文至浪泊为句，"上"字为读。　　⑧禁溪：在今越南太原省境。　　⑨新息：汉县，故城在今河南息县东。　　⑩酾（shī）酒：以筐漉酒也。　　⑪下泽车：利于行泽之短毂车。款：缓也；款段马：谓形段迟缓之马也。　　⑫西里：地名，援车即自此进屯浪泊。⑬重蒸：言下潦上雾两重相蒸。　　⑭鸢：鸱也。跕跕（dié）：堕貌。　　⑮猥：助词，有"乃"字意。纡（yū）：萦绕之意。金紫：金印紫绶。

　　援将楼船大小二千余艘，战士二万余人，进击九真贼徵侧余党都羊等，自无功至居风①，斩获五千余人，峤南悉平②。援奏言："西于县户有三万二千，远界去庭千余里③，请分为封溪、望海二县。"许之。援所过，辄为郡县治城郭，穿渠灌溉，以利其民。条奏越律与汉律驳者十余事④，与越人申明旧制以约束之，自后骆越⑤奉行马将军故事。

--------------------------------

　　①无功、居风：汉二县，皆属九真郡。　　②峤（qiáo）：岭峤也，山锐而高之称。峤南：犹岭南。　　③西于县：属交阯郡。庭：县庭。　　④驳：乖舛。　　⑤骆越：骆为越别名。

二十年秋，振旅还京师，军吏经瘴疫死者十四五。赐援兵车一乘，朝见，位次九卿①。援好骑，善别名马，于交阯得骆越铜鼓②，乃铸为马式，还上之。因表曰："夫行天莫如龙，行地莫如马。马者，甲兵之本，国之大用。安宁则以别尊卑之序，有变则以济远近之难。昔有骐骥，一日千里，伯乐③见之，昭然不惑。近世有西河子舆④，亦明相法。子舆传西河仪长孺，长孺传茂陵丁君都⑤，君都传成纪杨子阿⑥，臣援尝师事子阿，受相马骨法。考之于行事，辄有验效。臣愚以为传闻不如亲见，视景不如察形。今欲形之于生马，则骨法难备具，又不可传之于后。孝武皇帝时，善相马者东门京⑦铸作铜马法献之，有诏立马于鲁班门外，则更名鲁班门曰金马门。臣谨依仪氏羁，中帛氏口齿，谢氏唇鬐，丁氏身中⑧，备此数家骨相以为法。"马高三尺五寸，围四尺五寸，有诏置于宣德殿下，以为名马式焉。

--------------------------------

①九卿：汉为太常、光录勋、卫尉、太仆、廷尉、大鸿胪、宗正、大司农、少府。　　②越人铸铜为鼓，以高大者为贵，面阔丈余。　　③伯乐：姓孙，名阳，周之善相马者。　　④西河：今陕西大荔县。子舆：不详。　　⑤茂陵：汉县，在今陕西兴平市东北。　　⑥成纪：汉县，在今甘肃秦安县北。　　⑦东门京：姓东门，名京。　　⑧帛氏、谢氏：亦善相马者，名不详。羁（jī）：马络头。羁中：马头颈部。身中：马腹部。

初，援军还，将至，故人多迎劳之。平陵人孟冀①，名有计谋，于坐贺援。援谓之曰："吾望子有善言，反同众人邪？昔伏波将军路博德开置七郡②，裁封数百户；今我微劳，猥飨大县，功薄赏厚，何以能长久乎？先生奚用相济③？"冀曰："愚不及。"援曰："方今匈奴、乌桓尚扰北边④，欲自请击之。男儿要当死于边野，以马革裹尸还葬耳，何能卧床上在儿女子手中邪！"冀曰："谅为烈士，当如此矣⑤。"还月余，会匈奴、乌桓寇扶风，援以三辅侵扰，园陵危逼⑥，因请行，许之。自九月至京师，十二月复出屯襄国⑦。诏百官祖道⑧。援谓黄门郎梁松、窦固⑨曰："凡人为贵，当使可贱，如卿等欲不可复贱，居高坚自持，勉思鄙言。"松后果以贵满致灾，固亦几不免⑩。

------------------------------

①平陵：汉县名，故城在今陕西咸阳市西北。 ②路博德：前汉时人，从霍去病出征，以功封侯，去病殁，为伏波将军，伐破南越，以为南海、苍梧、郁林、合浦、交阯、九真、日南、朱崖、儋耳九郡，后朱崖、儋耳二郡皆罢，于是惯称南海七郡，故援亦言七郡。 ③用：以也。济：益也。言先生以何相补益。 ④匈奴：北狄之一族，曾领有今蒙古国及我国内蒙古之地，汉初最强，旋分为南北，南匈奴归汉，北匈奴为后汉窦宪所破，远走西方。乌桓：部落名，东胡别种，汉初，匈奴灭其国，后又繁盛，遂迫今河北山西边外，至东汉末，曹操破之，其势

始衰。　　⑤谅：信也，言信欲为烈士，当如此也。　　⑥扶风为三辅之一，三辅近长安，而前汉诸帝陵寝皆在长安，故其地侵扰，则园陵危逼。　　⑦襄国：汉县，故城在今河北邢台市西南。　　⑧祖道：祭路神也，即饯行。　　⑨黄门郎：即黄门侍郎，见《马皇后纪》注。梁松、窦固：亦见《马皇后纪》注。⑩梁松于明帝时，以罪免官怨望，卒以诽谤下狱死。窦、固于明帝时，坐从兄穆有罪，废于家者十余年。

　　明年秋，援乃将三千骑出高柳，行雁门、代郡、上谷障塞①。乌桓候者见汉军至，虏遂散去，援无所得而还。援尝有疾，梁松来候之，独拜床下，援不答。松去后，诸子问曰："梁伯孙帝婿②，贵重朝廷，公卿已下，莫不惮之，大人奈何独不为礼？"援曰："我乃松父友也③。虽贵，何得失其序乎④？"松由是恨之。

--------------------------------

　　①高柳：汉县名，故城在今山西阳高县东。雁门：秦为郡，治今山西右玉县南。代郡：秦置郡，光武时，属幽州，高柳即其属县。上谷：秦置郡，辖境相当于今河北西北部地区。　　②松娶光武女舞阴公主，故曰帝婿。　　③松父：名统。　　④序：尊卑之序。

　　二十四年，武威将军刘尚击武陵五溪蛮夷①，深入，军没，援因复请行。时年六十二，帝愍其老，未许之。援自请曰：“臣尚能披甲上马。”帝令试之。援据鞍顾眄②，以示可用。帝笑曰：“矍铄哉是翁也③！”遂遣援率中郎将马武、耿舒、刘匡、孙永等将十二郡募士及驰刑四万余人征五溪④。援夜与送者诀，谓友人谒者杜愔曰：“吾受厚恩，年迫余日索⑤，常恐不得死国事。今获所愿，甘心瞑目，但畏长者家儿或在左右，或与从事⑥，殊难得调⑦，介介独恶是耳⑧！”

-----------------------------

①武陵：汉郡，今湖南常德一带地。五溪蛮：见《马皇后纪》注。　②眄（miǎn）：邪视也。　③矍铄：勇貌。④中郎将：见《马皇后纪》“虎贲中郎将”注。马武：字子张。耿舒：耿弇弟，字不详。刘匡、孙永：皆不详。募士：招募之兵士。驰：同“弛”，驰刑：罪徒之充兵役者。　⑤索：尽。⑥长者家儿：谓权要子弟在左右者，如梁松、窦固居近要之地。与从事者，如耿舒之难共事。　⑦调：和。　⑧介介：犹耿耿，不安貌。

明年春，军至临乡①，遇贼攻县，援迎击，破之，斩获二千余人，皆散走入竹林中。初，军次下隽，有两道可入，从壶头则路近而水崄，从充则途夷而运远②，帝初以为疑。及军至，耿舒欲从充道，援以为弃日费粮，不如进壶头，搤③其喉咽，充贼自破。以事上之，帝从援策。三月，进营壶头。贼乘高守隘，水疾，船不得上。会暑甚，士卒多疫死，援亦中病，遂困，乃穿岸为室，以避炎气。贼每升险鼓噪，援辄曳足以观之，左右哀其壮意，莫不为之流涕。耿舒与兄好畤侯弇④书曰："前舒上书，当先击充，粮虽难运，而兵马得用，军人数万，争欲先奋。今壶头竟不得进，大众怫郁行死⑤，诚可痛惜！前到临乡，贼无故自致⑥，若夜击之，即可殄灭。伏波类西域贾胡，到一处辄止⑦，以是失利。今果疾疫，皆如舒言。"弇得书，奏之。帝乃使虎贲中郎将梁松乘驿责问援，因代监军。会援病卒，松宿怀不平，遂因事陷之⑧。帝大怒，追收援新息侯印绶。

------------------------------

①临乡：在今湖南常德市西南七十里。　　②下隽：汉县，故城在今湖南沅陵县东北。壶头：山名，在湖南桃源县西二百里。充：汉县，属武陵郡。夷：平也。　　③搹：持也。　　④好畤：汉县名，故城在今陕西乾县东南。弇：字伯昭。　　⑤怫（fú）郁行死：行将愤懑而死。　　⑥致：同"至"。　　⑦谓似西域胡人之为商者，所至之处，辄停留。　　⑧宿怀不平：如祖道尽言，戒兄子书之波累，拜候不答礼等皆是也。事：即指下文薏苡之载还。

初，兄子严、敦并喜讥议，而通轻侠客①。援前在交阯，还书诫之曰："吾欲汝曹闻人过失，如闻父母之名，耳可得闻，口不可得言也。好论议人长短，妄是非正法②，此吾所大恶也，宁死不愿闻子孙有此行也。汝曹知吾恶之甚矣，所以复言者，施衿结褵，申父母之戒③，欲使汝曹不忘之耳。龙伯高敦厚周慎，口无择言④，谦约节俭，廉公有威，吾爱之重之，愿汝曹效之。杜季良豪侠好义，忧人之忧，乐人之乐，清浊无所失⑤，父丧致客，数郡毕至，吾爱之重之，不愿汝曹效也。效伯高不得，犹为谨敕之士⑥，所谓刻鹄不成尚类鹜者也⑦。效季良不得，陷为天下轻薄子，所谓画虎不成反类狗者也。迄今季良尚未可知，郡将下车辄切齿⑧，州郡以为言，吾常为寒心，是以不愿子孙效也。"季良名保，京兆人，时为越骑司马⑨。保仇人上书讼保："为行浮薄⑩，乱群惑众，伏波将军万里还书以诫兄子，而梁松、窦固以之交结⑪，将扇其轻伪，败乱诸夏。"书奏，帝召责松、固，以讼书及援诫书示之，松、固叩头流血，而得不罪。诏免保官。伯高名述，亦京兆人，为山都长⑫，由此擢拜零陵太守⑬。

------------------------------

①"兄子"上一说当有"援"字。严、敦：皆援兄余之子。通轻侠客：谓与轻浮游侠之客相交通。　②正：与"政"通；是非正法：谓讥刺时政。　③施：加也。缨带曰"衿"，带结而垂曰"褵"。施衿结褵：皆女子嫁时之事。申：重言以明之。父母之戒：谓女子嫁时父母之告诫。　④口无择言：谓言不择而自善。⑤清浊无所失：谓无贤不肖，皆待之如一也。　⑥敕：亦谨也。⑦鹄：鸟名，似雁。鹜（wù）：鸭子。鹄与鹜相类。　⑧下车：官初莅任也。切齿：齿相磨切，恨怒貌。　⑨越骑司马：官名，秩千石。　⑩为行：犹"行为"。　⑪以：与也。

⑫山都：秦县，在今湖北襄阳市。　　⑬擢（zhuó）：升官。零
陵：后汉置郡，郡故城在今湖南永州市北。

　　初，援在交阯，常饵薏苡实，用能轻身省欲，以胜瘴
气①。南方薏苡实大，援欲以为种，军还，载之一车。时人
以为南土珍怪，权贵皆望之②。援时方有宠，故莫以闻。及
卒后，有上书谮③之者，以为前所载还，皆明珠文犀④。马
武与於陵侯侯昱等⑤皆以章言其状，帝益怒。援妻孥惶惧，
不敢以丧还旧茔，裁买城西数亩地槁葬而已⑥。宾客故人莫
敢吊会。严与援妻子草索相连，诣阙请罪。帝乃出松书以示
之，方知所坐，上书诉冤，前后六上，辞甚哀切，然后得
葬。

---

　　①饵：服食。薏苡（yì yǐ）：草本植物，实椭圆，仁白色，
俗称苡米，主治风湿痹等疾，久服，能轻身益气。　　②望：觊
觎之意。　　③谮（zèn）：诬之。　　④文犀：犀之有文彩者。
⑤於陵：汉县，故城在今山东邹平县西。侯昱：大司徒侯霸之子。
⑥槁葬：草草掩埋，谓一时不得归旧茔，权葬其地。

　　又前云阳令同郡朱勃①诣阙上书曰："臣闻王德圣政，
不忘人之功，采其一美，不求备于众②。故高祖赦蒯通，而
以王礼葬田横，大臣旷然，咸不自疑③。夫大将在外，谗言
在内，微过辄记，大功不计，诚为国之所慎也。故章邯畏口

而奔楚，燕将据聊而不下。岂其甘心末规哉，悼巧言之伤类也④。窃见故伏波将军新息侯马援，拔自西州，钦慕圣义，间关险难，触冒万死，孤立群贵之间，傍无一言之佐，驰深渊，入虎口，岂顾计哉⑤！宁自知当要七郡之使，徼封侯之福邪⑥？八年，车驾西讨隗嚣，国计狐疑，众营未集，援建宜进之策，卒破西州。及吴汉⑦下陇，冀路断隔，惟独狄道为国坚守，士民饥困，寄命漏刻。援奉诏西使，镇慰边众，乃招集豪杰，晓诱羌戎，谋如涌泉，势如转规⑧，遂救倒县之急，存几亡之城，兵全师进，因粮敌人，陇、冀略平，而独守空郡，兵动有功，师进辄克。铢锄先零，缘入山谷，猛怒力战，飞矢贯胫。又出征交阯，土多瘴气，援与妻子生诀，无悔吝之心⑨，遂斩灭徵侧，克平一州⑩。间复南讨，立陷临乡，师已有业⑪，未竟而死，吏士虽疫，援不独存。夫战或以久而立功，或以速而致败，深入未必为得，不进未必为非。人情岂乐久屯绝地，不生归哉！惟援得事朝廷二十二年，北出塞漠，南度江海，触冒害气，僵死军事，名灭爵绝，国土不传。海内不知其过，众庶未闻其毁，卒遇三夫之言⑫，横被诬罔之谗，家属杜门⑬，葬不归墓，怨隙并兴，宗亲怖栗。死者不能自列⑭，生者莫为之讼，臣窃伤之。夫明主�于用赏，约于用刑⑮。高祖尝与陈平金四万斤以间楚军，不问出入所为，岂复疑以钱谷间哉？夫操孔父之忠而不能自免于谗，此邹阳之所悲也⑯。《诗》云："取彼谗人，投畀豺虎。豺虎不食，投畀有北。有北不受，投畀有昊。"⑰

此言欲令上天而平其恶。惟陛下留思竖儒之言[18]，无使功臣怀恨黄泉。臣闻《春秋》之义，罪以功除[19]；圣王之祀，臣有五义[20]。若援，所谓以死勤事者也。愿下公卿平援功罪，宜绝宜续，以厌海内之望！臣年已六十，常[21]伏田里，窃感栾布哭彭越之义[22]，冒陈悲愤，战栗阙庭。"书奏，报，归田里[23]。勃，字叔阳，年十二能诵《诗》《书》。常候援兄况。勃衣方领，能矩步[24]。辞言娴雅[25]，援裁知书，见之自失。况知其意，乃自酌酒慰援曰："朱勃小器速成，智尽此耳，卒当从汝禀学[26]，勿畏也。"朱勃未二十，右扶风请试守渭城宰[27]，及援为将军，封侯，而勃位不过县令。援后虽贵，常待以旧恩而卑侮之，勃愈身自亲。及援遇谮，唯勃能终焉。肃宗即位，追赐勃子谷二千斛[28]。

--------------------------------

①云阳：秦县，在今陕西淳化县西北。令：一县之长。同郡：与援同里。　　②不求备于众：不以众美求备于一人。　　③蒯通说韩信背汉，高祖征通至，释不诛。田横初自称齐王，汉定天下，横犹以五百人保于海岛，高祖征之，横行，中途自杀，高祖以王礼葬之。旷然：无所疑畏貌。　　④章邯为秦将，赵高用事于朝，邯畏其谗口，遂降项羽。燕将故下聊城，人或谗之于燕，燕将惧诛，因据守聊城，不敢归。聊：即聊城，在今山东。末规：犹下策。巧言：文饰不实之言。类：善类。　　⑤间关：状道路之艰苦。深渊、虎口：喻援为隗嚣送质子至汉，嚣忽背叛，则援之在汉，无异落入虎口。　　⑥援奉使于外，凡历郡七。微（yāo）：

要求也。　　⑦吴汉：字子颜，中兴功臣之一。　　⑧转规：犹转圜，取其势之顺。圜：同"圆"。　　⑨吝：恨。　　⑩一州：指交州。援讨徵侧，所平之地，皆属交州。　　⑪已有业：谓已有功业。　　⑫卒（cù）：仓猝。三夫：犹三人，战国时，庞葱与魏太子质于邯郸，葱谓魏王曰："今一人言市有虎，王信乎？"王曰："否。""二人言，信乎？"王曰："否。""三人言，信乎？"曰："信矣。"葱曰："市明无虎，然三人言则信，今邯郸去魏远于市，而谤臣者不止三人，愿王熟察之！"　　⑬杜：闭塞也；杜门：犹闭门。　　⑭自列：犹自陈。　　⑮约：省约。⑯鲁听季孙之说而逐孔子，宋信子罕之计而囚墨翟，为邹阳《上梁孝王书》中语，故一说，文中孔父二字，专指孔子，疑当作"孔墨"。　　⑰《诗·小雅·巷伯》篇语。畀：与也。有：语助词。北：北方寒凉而不毛。昊：昊天。言投与昊天制其罚。　　⑱竖儒：朱勃自指，言童竖无知。　　⑲罪以功除：言虽有罪可以功相抵也，如《公羊传》记齐灭项，不言齐灭，即以齐桓公有继绝存亡之功，而为之讳。　　⑳五义：谓圣王制祀，一祀法施于人者，二祀以死勤事者，三祀以劳定国者，四祀能御大灾者，五祀能捍大患者。　　㉑常伏田里之"常"字，案下文报归田里，则其上书之时，尚未归田里可知，故常字当为"当"之误。　　㉒彭越为梁王，以谋反枭首，高祖诏有收视者捕之，栾布为梁使于齐，还，独奏事越头下，祠而哭之。　　㉓报：光武报许之，谓不以其讼援为罪也。归田里：言勃得报而归。　　㉔方领：正方之衣领，儒者之服也。矩步：回旋皆中规矩也。　　㉕娴雅：犹沉静。㉖禀：受。　　㉗试守者，试守一岁，称职，乃为真，食全俸。渭城：汉县，故城在今陕西西安市东。　　㉘肃宗以勃讼援，有烈士风，故赐其子谷以旌之。

　　初，援兄子婿王磐子石①，王莽从兄平阿侯仁之子也②。莽败，磐拥富赀居故国，为人尚气节而爱士好施，有名江淮间。后游京师，与卫尉阴兴，大司空朱浮、齐王章共相友善③。援谓姊子曹训曰："王氏，废姓也。子石当屏居自守，而反游京师长者④，用气自行，多所陵折，其败必也。"后岁余，磐果与司隶校尉苏邺、丁鸿事相连，坐死洛阳狱⑤。而磐子肃复出入北宫⑥及王侯邸第。援谓司马吕种⑦曰："建武之元，名为天下重开⑧。自今以往，海内日当安耳。但忧国家诸子并壮，而旧防未立⑨，若多通宾客，则大狱起矣。卿曹戒慎之！"及郭后薨，有上书者，以为肃等受诛之家，客因事生乱，虑致贯高、任章之变⑩。帝怒，乃下郡县收捕诸王宾客，更相牵引，死者以千数。吕种亦豫其祸，临命叹曰："马将军诚神人也！"

--------------------------------

①王磐子石：王磐，字子石。　　②平阿：前汉侯国，后汉置县，故城在今安徽怀远县西南。　　③卫尉：官名，九卿之一，掌门卫屯兵。阴兴：字君陵，光武阴后弟。朱浮：字叔元。章：光武兄缜长子，始为太原王，后封齐王。　　④长者：谓诸贵戚。　　⑤司隶校尉：官名，前汉武帝置，后权大重，任纠察之责。苏邺以光武二十二年下狱死，所犯何罪不详。丁鸿当与邺

同一事也。　　⑥北宫：帝宫之在北者。　　⑦司马：官名，援之行军司马也。　　⑧光武中兴，建元建武。　　⑨旧防：诸侯王子不许交通宾客。　　⑩客：当为"容"之讹，谓容有乱事也。张耳子张敖封赵王，高祖不为礼，赵相贯高耻之，谋害高祖；任章父宣，霍氏女婿，宣帝时，霍氏坐谋反诛，章欲为逆，事觉，见诛；皆前汉事。

永平初①，援女立为皇后，显宗图画建武中名臣、列将于云台②，以椒房故③，独不及援。东平王苍④观图，言于帝曰："何故不画伏波将军像？"帝笑而不言。至十七年，援夫人卒，乃更修封树，起祠堂。建初三年⑤，肃宗使五官中郎将⑥持节追策，谥援曰忠成侯。四子：廖、防、光、客卿。客卿幼而歧嶷⑦，年六岁，能应接诸公，专对宾客。尝有死罪亡命者来过，客卿逃匿不令人知。外若讷而内沉敏。援甚奇之，以为将相器，故以客卿字焉⑧。援卒后，客卿亦夭没。

------------------------------

①永平：明帝年号。　　②云台：在南宫。　　③椒房：本殿名，在未央宫，以其为皇后所居，故称皇后为椒房。　　④东平：汉国名，今为县，属山东省。苍：光武之子。　　⑤建初：章帝年号。　　⑥五官中郎将：汉官名，中郎有五官、左、右三将。　　⑦嶷（nì）：歧嶷，挺拔异常貌。　　⑧战国时，张仪、虞卿并为客卿，故取名焉。

# 郑 玄 传

　　郑玄，字康成，北海高密人也①。八世祖崇，哀帝时尚书仆射②。玄少为乡啬夫③，得休归，常诣学官④，不乐为吏，父数怒之，不能禁。遂造太学⑤受业，师事京兆第五元⑥，先始通《京氏易》《公羊春秋》《三统历》《九章算术》⑦。又从东郡张恭祖受《周官礼记》《左氏春秋》《韩诗》《古文尚书》⑧。以山东⑨无足问者，乃西入关，因涿郡卢植，事扶风马融⑩。融门徒四百余人，升堂进者五十余生。融素骄贵，玄在门下，三年不得见，乃使高业弟子传授于玄。玄日夜寻诵，未尝怠倦。会融集诸生考论图纬⑪，闻玄善算，乃召见于楼上。玄因从质诸疑义⑫，问毕辞归。融喟然谓门人曰："郑生今去，吾道东矣！"

------------------------------

　　①北海：汉郡，治营陵县（今山东昌乐县东南）。辖境相当今山东潍坊、青州、临朐、昌乐、昌邑、寿光、广饶等市、县地。高密：见《光武帝纪》注。　　②崇：字子游，直谏不阿，后下狱死。哀帝：前汉帝，名欣，嗣成帝即帝位。尚书仆射：汉置官，督尚书曹郎理事，尚书之长为尚书令，尚书仆射其贰也，参阅下《胡广传》"尚书"注。　　③乡啬夫：乡之啬夫官也，掌

听讼收赋税。　　④学官：学校之官舍。　　⑤太学：汉时最高之学校，立于京师。　　⑥京兆：地名，汉三辅之一，今陕西西安以东至华县之地。第五元：姓第五，名元，尝为兖州刺史。　　⑦一本无"始"字。《京氏易》：《易》之为京房所治者。房，字君明，前汉人，治《易》甚精。《公羊春秋》：周公羊高所传之春秋，即今《公羊传》。《三统历》：前汉刘歆所作。周公旦制礼有《九数》，即《九章》，一方田，二粟米，三差分，四少广，五商功，六均输，七方程，八赢不足，九旁要。《算术》起于商高。　　⑧东郡：郡名，秦取魏地而置，汉属兖州，治今河南濮阳市。《周官礼记》：即今《周礼》。《左氏春秋》：即今《左传》。前汉韩婴，推诗人之言，作《内外传》数万言，是即《韩诗》，今所存惟《外传》十卷，乃杂引古事古经，证以诗词，非说《经》之书也。《古文尚书》：汉鲁共王坏孔子宅，得于壁中，皆科斗古文，后人多议其伪。　　⑨山东：指崤、函之东；一说，太行山以东为山东。　　⑩涿郡：汉郡名，治今河北涿州。庐植：字子干，少师事马融，通古今学。扶风：见《马援传》注。马融：字季长，才高学博，为世通儒。　　⑪图纬：占验术数之学。　　⑫质：问而正之。

玄自游学，十余年乃归乡里。家贫，客耕东莱①，学徒相随已数百千人。及党事起，乃与同郡孙嵩等四十余人俱被禁锢②，遂隐修经业，杜门不出。时任城何休③好公羊学，遂著《公羊墨守》《左氏膏肓》《穀梁废疾》④；玄乃发《墨守》，针《膏肓》，起《废疾》⑤。休见而叹曰："康成入吾室，操吾矛，以伐我乎⑥！"初，中兴之后，范升、陈元、李育、贾逵之徒，争论古今学⑦，后马融答北地太守⑧刘瓌及玄答何休，义据通深，由是古学遂明。

--------------------------------

①东莱：汉郡，治今山东莱州。　　②桓帝时，宦官势盛，士大夫李膺等抨击之，会河内张成善说风角，推占当赦，教子杀人，时膺为河南尹，收捕杀之，成本与宦官交通，其弟子牢修遂上书诬告膺等与太学游士为朋党，诽谤朝廷，辞连数百人，皆禁锢终身。孙嵩：字宾实。　　③任城：汉县，即今山东济宁市。何休：字邵公。　　④《公羊墨守》：言其书义理深远，不可驳难，如墨翟之守城。《左氏膏肓》：心下为膏。肓（huāng）：心下鬲上。病入膏肓，药力不能及。喻左丘明之《左氏春秋》，疾不可为也。穀梁：即指周穀梁赤所著之《穀梁传》。言《春秋》者左氏为一派，公羊穀梁为一派，何氏好公羊，辟左、穀，故其说有偏袒也。　　⑤发《墨守》、针《膏肓》、起《废疾》，皆玄辟何说之著作。　　⑥郑玄始通公羊，故休谓为入室操矛。　　⑦范升：字辩卿。陈元：字长生。李育：字元春。贾逵：字景伯。古学谓《左氏春秋》，今学则公、穀二家。升、育主公羊，元、逵主左氏。　　⑧北地、太守：皆见《光武帝纪》注。

灵帝末，党禁解，大将军何进闻而辟之①。州郡以进权戚，不敢违意，遂迫胁玄，不得已而诣之。进为设几杖，礼待甚优②。玄不受朝服，而以幅巾见③。一宿逃去。时年六十，弟子河内赵商等④自远方至者数千。后将军袁隗表为侍中⑤，以父丧不行。国相孔融深敬于玄，屡履造门⑥。告高密县为玄特立一乡，曰："昔齐置'士乡'，越有'君子军'，皆异贤之意也⑦。郑君好学，实怀明德。昔太史公、廷尉吴公、谒者仆射邓公，皆汉之名臣⑧。又南山四皓有园公、夏黄公⑨，潜光隐耀，世嘉其高，皆悉称公。然则公者仁德之正号，不必三事大夫也⑩。今郑君乡宜曰'郑公乡'。昔东海于公仅有一节，犹或戒乡人侈其门闾⑪，矧乃郑公之德，而无驷牡之路⑫！可广开门衢，令容高车，号为'通德门'。"董卓迁都长安⑬，公卿举玄为赵相，道断不至。会黄巾寇青部，乃避地徐州⑭，徐州牧陶谦⑮接以师友之礼。建安元年⑯，自徐州还高密，道遇黄巾贼数万人，见玄皆拜，相约不敢入县境。

------------------------------

①灵帝：名宏，肃宗玄孙。桓帝崩，无子，宏遂得立。灵帝季年，黄巾军起，宦官吕强言于帝，恐党人与黄巾谋，其患不可救，帝惧，乃大赦天下党人，而党禁解。大将军：后汉时权位最尊之官，位三公上。何进：字遂高，妹为灵帝后。辟：征召。
②古大臣年老致事，若不听，则必赐之几杖，或谋于长者，亦必操几杖以从之，所以尽敬老之礼也。　　③幅巾：谓不加冠帻，但幅巾束首，民庶之饰也。　　④河内：汉郡，前河南河北道之大部分地，与《马援传》之河内异。赵商，字子声。　　⑤后将

军：汉官，位次上卿，此外尚有前将军，左将军，右将军，位皆同后将军，典京师兵卫，四夷屯警。袁隗：字次阳。侍中：汉为加官，分掌乘舆服物，与中官俱止于禁中。　⑥孔融：字文举，为北海相。屣（xǐ）履：纳屣未正，曳之而行也。　⑦春秋时，管仲相齐桓公，制国为二十一乡，工商乡六，士乡十五，以居工商士。吴越相攻，越王勾践中分其师为左右军，以其私卒君子六千人为中军；君子，为王所亲近，有至行者。异贤：特异贤人之意。　⑧太史公：司马迁父，名谈，为前汉太史令。廷尉：秦置官，掌刑狱。吴公：前汉文帝时，为河南太守，治平称天下第一，征为廷尉。谒者仆射：见《光武帝纪》"谒者"注。邓公为谒者仆射，在前汉景帝时。　⑨南山：一名秦岭，今自甘肃通陕西至河南陕县以南诸山皆是；其脉为商山，在陕西商县东，即四皓隐居地。四皓为东园公、夏黄公、甪里先生、绮里季，避秦乱，隐南山，汉兴，迎致之，皆须眉皓白，故称四皓。⑩三事：三公之概称，参阅《马援传》"三府"注。　⑪东海：汉置郡，今山东兖州东南至江苏邳州，东至海皆是。于公为县狱史，决狱平，郡为生立祠号曰于公祠。一节：即谓决狱。先是于公闾门坏，修治时，公令高大之，得容驷马高盖车，言我多阴德，后必有兴者，后其子定国果贵显。侈：大也。　⑫驷牡：驾车之驷马也。　⑬董卓：字仲颖，灵帝崩，以并州牧领兵入诛宦官，弑少帝，立献帝，专权自恣，诸郡举义兵，同盟讨卓，卓惧，遂挟献帝迁都长安。长安：前汉所都，故城在今陕西西安长安区西北。　⑭黄巾：后汉末年之农民起义军，皆着黄巾，故名。首领名张角，太平道创立者，以"苍天已死，黄天当立"口号号召徒众，，众至数十万。青部：谓汉所置青州各属地。徐州：见《齐武王缜传》注。　　⑮牧：州牧，汉置官，权如清之督抚。陶谦：字恭祖。　　⑯建安：东汉末帝献帝年号。

　　玄后尝疾笃，自虑①，以书戒子益恩曰："吾家旧贫，不为父母群弟所容，去厮役之吏，游学周、秦之都，往来幽、并、兖、豫之域，获觐乎在位通人，处逸大儒，得意者咸从捧手，有所受焉②。遂博稽《六艺》③，粗览传记，时睹秘书纬术之奥。年过四十，乃归供养，假田播殖，以娱朝夕。遇阉尹④擅势，坐党禁锢，十有四年，而蒙赦令，举贤良方正有道，辟大将军三司府。公车再召⑤，比牒并名，早为宰相⑥。惟彼数公，懿德大雅，克堪王臣，故宜式序⑦。吾自忖度，无任于此⑧，但念述先圣之元意⑨，思整百家之不齐，亦庶几以竭吾才，故闻命罔从。而黄巾为害，萍浮南北⑩，复归邦乡。入此岁来，已七十矣。宿素衰落，仍有失误⑪，案之礼典，便合传家⑫。今我告尔以老，归尔以事，将闲居以安性，覃思⑬以终业。自非拜国君之命，问族亲之忧，展敬坟墓，观省野物，胡尝扶杖出门乎！家事大小，汝一承之。咨尔茕茕一夫，曾无同生相依⑭。其勖求君子之道，研钻勿替⑮，敬慎威仪，以近有德⑯。显誉成于僚友，德行立于己志。若致声称，亦有荣于所生，可不深念邪！可不深念邪！吾虽无绂冕之绪，颇有让爵之高⑰。自乐以论赞之功⑱，庶不遗后人之羞，末所愤愤者，徒以亡亲坟垄未成，所好群书率皆腐敝，不得于礼堂写定，传与其人⑲。日西方暮，其可图乎⑳！家今差多于昔，勤力务时，无恤饥寒㉑。菲饮食㉒，薄衣服，节夫二者，尚令吾寡恨。若忽忘不识，亦已焉哉！"

----------------------------

①自虑：自虑不起也。　　②不为父母群弟所容：言家贫而父母昆弟力薄，不能并容，为吏又非所乐，乃发愤游学。厮：贱也。周、秦之都：谓关中也，周都镐，秦都咸阳，皆在关中。幽、并、兖、豫，四州名。汉时，幽州为今河北、辽宁及朝鲜一带地；并州为今山西一带地；兖州地跨今山东、河南及河北；豫州为今河南，跨及江苏。处逸大儒：谓自处隐逸之大儒。捧手：谓受业有疑，捧手问之。　　③六艺：即六经，《诗》《书》《易》《春秋》《礼》《乐》也，非《周官》所述之六艺。　　④阉尹：指宦官，男子去势曰阉，宦官皆去势者充之。　　⑤贤良方正及有道，皆科目之名。三司：见《马援传》注。公车：署名。公车所在，令一人，秩六百石，掌殿门，诸上书诣阙下者，皆集奏之，凡所征召，亦总领之，参阅《马援传》"待诏"注。⑥比牒：犹连牒；并名：谓齐名。言连牒齐名被征举者，皆早为宰相也。　　⑦懿：美也。雅：正也。式：用也。序：列也。⑧无任于此：犹言于此不胜任也。　　⑨元：与"原"通。⑩萍浮：萍生水上，根无所据，随风漂浮，不有定所，故取以为譬也。　　⑪宿素：平素也。言平素衰落，至今仍有失误。⑫传家：以家事传子孙。《礼·曲礼》："七十曰老而传。"

⑬覃思：犹深思。　⑭咨：嗟。茕茕：单独无所依貌。一夫：一人。同生：同怀兄弟。　⑮勖：勉。替：废。　⑯敬慎二句，《诗·大雅·民劳》篇语。　⑰绂（fú）：丝绳之系印环者。冕：大夫之冠。绪：业也。让爵之高：谓频被辟不就。　⑱论赞：讨论赞助也。　⑲其人：谓好学者。　⑳日西方暮：喻年老不能久存。图：谋。　㉑家今差多于昔：谓家境较昔稍裕也。务时：及时努力之意。恤：顾虑也。　㉒菲：薄也。

　　时大将军袁绍总兵冀州①，遣使要玄，大会宾客，玄最后至，乃延升上坐。身长八尺，饮酒一斛，秀眉明目，容仪温伟。绍客多豪俊，并有才说，见玄儒者，未以通人许之，竞设异端，百家互起。玄依方辩对，咸出问表，皆得所未闻，莫不嗟服。时汝南应劭亦归于绍②，因自赞曰："故太山太守应中远③，北面称弟子，何如？"玄笑曰："仲尼之门，考以四科，回、赐之徒，不称官阀④。"劭有惭色。绍乃举玄茂才⑤，表为左中郎将⑥，皆不就。公车征为大司农⑦，给安车一乘⑧，所过长吏送迎。玄乃以病自乞还家。

-----------------------------

　　①袁绍：字本初，献帝建安二年拜为大将军，兼督冀、青、幽、并四州。冀州，今河北、山西、河南一带地。　②汝南：汉郡，今河南、安徽两省中皆有地属之。应劭笃学博览，时为袁绍军谋校尉。　③太山：汉置郡，今山东一带地。太守：见

《光武帝纪》注。中：读如"仲"；中远：劭字。劭曾为太山太守，故称故。　　④仲尼门弟子，各有所长，因以德行、言语、政事、文学四科分之。回：颜回，字子渊，列德行科。赐：端木赐，字子贡，列言语科。官阀：官阶。　　⑤茂才：科目名。本名秀才，以光武名秀，避讳改茂才。　　⑥左中郎将：左署中郎将也，中郎将为秦置官，汉因之，领五官署左署右署三署郎，位次将军。　　⑦大司农：掌钱谷之事，汉九卿之一。　　⑧安车：坐乘之车，盖古者乘四马之车，立乘，优老尊贤，则用一马小车而坐乘之。

　　五年春，梦孔子告之曰："起，起，今年岁在辰，来年岁在巳。"既寤，以谶合之，知命当终①。有顷，寝疾。时袁绍与曹操相拒于官度②，令其子谭遣使逼玄随军，不得已，载病到元城县③，疾笃不进，其年六月卒，年七十四。遗令薄葬。自郡守以下尝受业者，缞绖④赴会千余人。门人相与撰玄答诸弟子问《五经》⑤，依《论语》作《郑志》八篇。凡玄所注《周易》《尚书》《毛诗》《仪礼》《礼记》《论语》《孝经》《尚书大传》⑥《中候》⑦《乾象历》⑧，又著《天文七政论》⑨《鲁礼禘祫义》⑩《六艺论》《毛诗谱》《驳许慎五经异义》⑪《答临孝存周礼难》⑫，凡百余万言。玄质于辞训，通人颇讥其繁。至于经传洽孰，称为纯儒，齐、鲁间宗之。其门人山阳郗虑至御史大夫⑬，东莱王基、清河崔琰著名于世⑭。又乐安国渊、任嘏，时并童幼，玄称渊为国器，姫有道德⑮，其余亦多所鉴拔，皆如其言。

--------------------------------

①谶：兆也，如预言之类。谶语云："辰为龙，巳为蛇，岁至龙蛇贤人嗟。"玄闻孔子语，以此合之，以为命当终也。
②曹操：字孟德，即魏武帝，其子文帝丕，遂篡汉为魏。官度：津名，在今河南中牟县北。　　③元城县：汉置县，今废并河北大名。　　④缞绖（cuī dié）：丧服。　　⑤《易》《诗》《书》《礼》《春秋》为五经。　　⑥《尚书大传》：济南伏生之徒张生、欧阳生等所撰。前汉刘向得而上之，时为四十一篇，至玄诠次为八十三篇，今残缺。　　⑦《中候》：指《尚书中候》，属于纬书。　　⑧《乾象历》：灵帝时，会稽刘洪作，郑玄受其法而加注。　　⑨七政：指日、月及金、木、水、火、土五星。　　⑩禘祫（dì xiá）：皆大祭名，当时各说不同，颇多争执，郑玄故作此以明其义。　　⑪许慎：字叔重，与玄同时人，博学经籍，人多称之。　　⑫临孝存：名硕，孝存其字。临，亦作"林"，与玄同时。　　⑬山阳：汉县，在河内。郗（xī）虑：字鸿豫。御史大夫：秦汉时，为御史之长官，掌副丞相。　　⑭东莱：见前。清河：汉清河国，地在今河北、山东。王基：字伯兴；崔琰：字季珪，皆仕魏。　　⑮乐安：汉乐安国，地在今山东。国渊：字子尼；任嘏：字昭先，皆仕魏。

玄唯有一子益恩，孔融在北海，举为孝廉①；及融为黄巾所围②，益恩赴难损身。有遗腹子，玄以其手文似己，名之曰小同。

------------------------------

①孝廉：科目名。　　②孔融相北海时，屡为黄巾军所侵暴。

论曰：自秦焚《六经》，圣文埃灭①。汉兴，诸儒颇修艺文；及东京，学者亦各名家②。而守文之徒，滞固所禀③，异端纷纭，互相诡激④，遂令经有数家，家有数说，章句多者或乃百余万言⑤，学徒劳而少功，后生疑而莫正。郑玄括囊大典⑥，网罗众家，删裁繁诬，刊改漏失，自是学者略知所归。王父豫章君每考先儒经训，而长于玄⑦，常以为仲尼之门不能过也。及传授生徒，并专以郑氏家法云⑧。

------------------------------

①《六经》：指《诗》《书》《易》《春秋》《礼》《乐》。《乐经》亡于秦，故不传。埃：尘埃。　　②名家：谓以专家之学著名。　　③滞固：固执。禀：受也。言学者各执所受，互不疏通。　　④诡激：言其不合于中正。　　⑤章句：谓分其章节句读，诸儒博采群说，牵引以次其间，具文敷释，故多至百余万言，盖即传注也。　　⑥括囊：括，结也，言如囊盛物而结其口。《易·坤卦》："括囊无咎。"引为包括之义。　　⑦王父：祖父。豫章君：本书作者范晔祖父范宁，字武子，晋时为豫章太守。长于玄：言每以郑玄为长。　　⑧言范宁教授，专崇郑学。

# 胡　广　传

　　胡广，字伯始，南郡华容人也①。六世祖刚，清高有志节。平帝时②，大司[农]徒马宫辟之③。值王莽居摄④，刚解其衣冠，县府门而去，遂亡命交阯⑤，隐于屠肆之间。后莽败，乃归乡里。父贡，交阯都尉⑥。广少孤贫，亲执家苦。长大，随辈入郡为散吏⑦。太守法雄之子真，从家来省其父。真颇知人。会岁终应举，雄敕真助其求才。雄因大会诸吏，真自于牖间密占察之⑧，乃指广以白雄，遂察孝廉⑨。既到京师，试以章奏，安帝⑩以广为天下第一。旬月拜尚书郎⑪，五迁尚书仆射⑫。顺帝⑬欲立皇后，而贵人有宠者四人，莫知所建，议欲探筹，以神定选。广与尚书⑭郭虔、史敞上疏谏曰："窃见诏书，以立后事大，谦不自专，欲假之筹策，决疑灵神。篇籍所记，祖宗典故，未尝有也。恃神任筮，既不必当贤；就值其人，犹非德选。夫岐嶷形于自然⑮，倪天必有异表⑯。宜参良家，简求有德，德同以年，年钧以貌，稽之典经，断之圣虑。政令犹汗，往而不反⑰。诏文一下，形之四方⑱。臣职在拾遗⑲，忧深责重，是以焦心，冒昧陈闻。"帝从之，以梁贵人良家子，定立为皇后⑳。

①南郡：秦置郡，在今湖北。华容：前汉县，后汉国，在今湖南北部。　　②平帝：前汉帝，名衎，哀帝子。　　③马宫：字游卿，于哀帝时为大司徒，平帝时为大司马。大司徒：见《光武帝纪》及《马援传》"三府"注。辟：见《郑玄传》注。④王莽酖弑平帝，立宣帝玄孙婴，年方二岁，莽摄行皇帝之事，是为居摄；莽立婴，本利其年幼，己得专政。　　⑤交阯：见《马援传》注。　　⑥都尉：见《光武帝纪》注。　　⑦散吏：所谓从掾位从史位者是，非正吏也。　　⑧凡相窥视谓之占；又窥亦谓之占。　　⑨孝廉：见《郑玄传》注。广年二十七，举孝廉。　　⑩安帝：名祜，肃宗孙。　　⑪尚书郎：属于尚书之郎官。　　⑫尚书仆射：见《郑玄传》注。　　⑬顺帝：名保，安帝子。　　⑭尚书：官名，秦属少府，在殿中主发书，其秩甚卑，汉置尚书令及尚书仆射，督尚书曹郎理事，后以大臣领之，至光武时，天下事尽入尚书。　　⑮岐嶷（nì）：峻茂之貌。《诗经·大雅》："克岐克嶷。"　　⑯伣（qiàn）：比喻也。《诗经·大雅》："大邦有子，伣天之妹。"言文王闻太姒之贤而美之，谓大邦有子女，尊之如天之有女弟。　　⑰号令如汗之出而不反，为前汉刘向语。　　⑱形：见也。　　⑲拾遗：谓随时讽谏，以救人主言行之遗失，尚书为古喉舌之官，有匡正之责，故疏以自称；唐时即置左右拾遗，以掌供俸讽谏。　　⑳梁贵人：名妠（nà），乘氏侯梁商之女，顺帝永建三年，以选入宫为贵人，阳嘉元年，立为皇后。广谄附梁氏，疏谏探筹，实阴为后说。

时尚书令左雄议改察举之制，限年四十以上，儒者试经学，文吏试章奏①。广复与敞、虔上书驳之曰："臣闻君以兼览博照为德，臣以献可替否为忠②。《书》载稽疑，谋及卿士③；《诗》美先人，询于刍荛④。国有大政，必议之于前训，咨之于故老，是以虑无失策，举无过事。窃见尚书令左雄议郡举孝廉，皆限年四十以上，诸生试章句⑤，文吏试笺奏。明诏既许，复令臣等得与相参⑥。窃惟王命之重，载在篇典⑦，当令县于日月，固于金石，遗则百王⑧，施之万世⑨。《诗》云：'天难谌斯，不易惟王⑩。'可不慎与！盖选举因才，无拘定制。六奇之策，不出经学⑪；郑、阿之政，非必章奏⑫。甘、奇显用，年乖强仕⑬；终、贾扬声，亦在弱冠⑭。汉承周、秦，兼览殷、夏，祖德师经，参杂霸轨，圣主贤臣，世以致理，贡举之制，莫或回革⑮。今以一臣之言，划戾⑯旧章，便利未明，众心不厌⑰。矫枉变常，政之所重，而不访台司⑱，不谋卿士。若事下之后，议者剥异⑲，异之则朝失其便，同之则王言已行⑳。臣愚以为可宣下百官，参其同异，然后览择胜否㉑，详采厥衷㉒。敢以瞽言㉓，冒干天禁㉔，惟陛下纳焉㉕。"帝不从。

----

①尚书令：见《郑玄传》"尚书仆射"注。左雄：字伯豪。雄上言请令郡国察举孝廉，年须满四十，皆先诣公府，诸生试家法——其一家之学——文吏课笺奏，以验其虚实。　②君所谓可，而有否焉，臣献其否，以成其可，君所谓否，而有可焉，臣

献其可，以去其否——春秋时齐晏婴语——此献可替否之谓。替：废。　　③稽：考也。考正疑事，谋及卿士，见《尚书》。④《诗经·大雅》："先民有言，询于刍荛。"询：谋也。刍荛：薪采者也。言有疑事，尝与薪采者谋之。　　⑤古谓学官弟子为"诸生"。章句：见《郑玄传》注。　　⑥参：谓参赞其事。⑦王言惟作命，令出惟行，一言一动，史官皆秉笔而书之，《礼经》常载是说。　　⑧遗则百王：言遗之百王，使有所法。　　⑨施（yì）：延也。　　⑩《诗经·大雅》之词。谌：信也。斯：语词。言天意难信，不可改易者天子也。　　⑪陈平设六奇计以佐汉高祖。　　⑫春秋时子产从郑政，择能而使，内无国中之乱，外无诸侯之患。齐晏子治东阿三年，景公召而责之，晏子请改道易行，明年上计，景公迎而贺之，晏子对曰："臣前之化东阿也，属托不行，货赂不至，君反以罪臣，今则反是，而更蒙贺。"景公下席而谢。　　⑬甘：指战国时人甘罗，年十二，为秦使赵，说赵王割五城于秦，秦封为上卿。奇：指战国时人子奇，年十八，齐君使治阿，阿大化。乖：违也。强仕：年四十也。《礼》："四十曰强而仕。"　　⑭终：前汉时人终军也，年十八，为博士弟子，自请以长缨羁南越王致之阙下，使之往，越果听命。贾：前汉时人贾谊也，年十八，以诵诗属文称于郡中，文帝召为博士。弱冠：谓少年也，二十成人初加冠，体犹未壮，故曰弱。《礼》："二十曰弱，冠。"　　⑮回：转也，反也。　　⑯刬：削也。戾：乖也，违也。　　⑰厌：服也。　　⑱台司：指宰辅。⑲剥：与"驳"通。　　⑳异之、同之：谓与议者同疑。　　㉑览择胜否：览择所议之得当与否。　　㉒衷：当也。　　㉓謇言：

如瞽者不见而妄言。　　㉔冒：冒昧。干：犯也。天禁：尊称帝王之禁令。　　㉕所言冗陋，不究是非之实以立中制，徒拾异事相排而已，作者载此，特以著广之庸。

　　时陈留郡①缺职，尚书史敞等荐广曰："臣闻德以旌贤②，爵以建事③，'明试以功'，《典谟》所美④，'五服五章'，天秩所作⑤，是以臣竭其忠，君丰⑥其宠，举不失德，下忘其死。窃见尚书仆射胡广，体真⑦履规，谦虚温雅，博物洽闻，探赜⑧穷理，《六经》典奥，旧章宪式⑨，无所不览。柔而不犯⑩，文而有礼，忠贞之性，忧公如家。不矜其能，不伐其劳，翼翼周慎⑪，行靡玷漏⑫。密勿凤夜⑬，十有余年，心不外顾，志不苟进。臣等窃以为广在尚书，劬劳日久，后母年老⑭，既蒙简照⑮，宜试职千里，匡宁方国⑯。陈留近郡，今太守任缺。广才略深茂，堪能拨烦，愿以参选，纪纲⑰颓俗，使束修⑱守善，有所劝仰。"

　　－－－－－－－－－－－－－－－－－－－－－－－－－－－－

　　①陈留郡：当时属兖州，今河南开封东南。　　②旌：明也。德以旌贤，勉有德者以官，而著其贤。　　③爵以建事：能建立事则与之爵。　　④明试以功：明白考试之有功者授之官。《书》"舜典""皋陶谟"皆有是言，故曰典谟所美。　　⑤五服：指天子、诸侯、卿、大夫、士五等服式。五服五章：谓五者之服，必须章明。《书·皋陶谟》："天命有德，五服五章哉。"天秩：天所制之等序。　　⑥丰：厚。　　⑦体真：理会

真德之意。　　⑧颐：幽深。　　⑨宪式：犹法式。　　⑩柔而不犯：谓其性柔，然不可犯以非义。　　⑪翼翼：小心貌。周慎：周详谨慎。　　⑫行：行为。靡：无也。玷漏：污缺之意。⑬密勿：勤勉努力。夙夜：朝夕，日夜。　　⑭后母：黄氏，字列嬴；广本生母亦姓黄。　　⑮简：选也。照：见知之意。⑯匡：正也。宁：安辑之。方国：四方来附之国。　　⑰纪纲：整饬之意。　　⑱束修：指能自约束修整之辈。

　　广典①机事十年，出为济阴太守②，以举吏不实免③。复为汝南太守④，入拜大司农。汉安元年⑤，迁司徒⑥。质帝崩⑦，代李固为太尉，录尚书事⑧。以定策立桓帝，封育阳安乐乡侯⑨。以病逊位。又拜司空⑩，告老致仕。寻以特进征拜太常⑪，迁太尉，以日食免。复为太常，拜太尉。延熹二年⑫，大将军梁冀诛⑬，广与司徒韩缜、司空孙朗坐不卫宫，皆减死一等，夺爵土，免为庶人⑭。后拜太中大夫⑮、太常。九年，复拜司徒。灵帝立⑯，与太傅陈蕃⑰参录尚书事，复封故国，以病自乞。会蕃被诛⑱，代为太傅，总录如故。时年已八十，而心力克壮，继母在堂，朝夕瞻省，傍无几杖，言不称老⑲。及母卒⑳，居丧尽哀，率礼无愆㉑。性温柔谨素，常逊言㉒恭色。达练事体，明解朝章。虽无謇直之风㉓，屡有补阙之益㉔。故京师谚曰："万事不理问伯始，天下中庸㉕有胡公。"及共李固定策，大议㉖不全，又与中常侍丁肃婚姻，以此讥毁于时。自在公台三十余年，历事六帝㉗，礼任甚优；每逊位辞病，及免退田里，未尝满岁，辄复升进。凡一履司空，再作司徒，三登太尉，又为太傅。其所辟命，皆天下名士。与故吏陈蕃、李咸并为三司㉘。蕃等每朝会，辄称疾避广，时人荣之。年八十二，熹平元年㉙薨。使五官中朗将持节奉策赠太傅、安乐乡侯印绶㉚，给东园梓器㉛，谒者护丧事㉜，赐冢茔于原陵㉝，谥文恭侯，拜家一人为郎中㉞。故吏自公、卿、大夫、博士、议郎以下数百人㉟，皆缞绖殡位㊱，自终及葬。汉兴以来，人臣之盛，未尝有也。

-------------------------------

①主其事曰"典"。　②济阴：汉郡，在今山东。　③左雄奏改察举之制，既已实行，广守济阴，遂坐谬举免黜。　④汝南：见《郑玄传》注。　⑤汉安：顺帝年号。　⑥司徒：见《马援传》"三府"注。　⑦质帝：名缵，肃宗玄孙。　⑧李固：字子坚。质帝崩，梁冀时为大将军，专政，以桓帝娶其妹，欲立之，固以肃宗曾孙清河王蒜年长有德，争于冀，谓常立，忤冀旨，因免，而以广代之。　⑨质帝崩，李固引广及司空赵戒与冀争立清河王蒜，后广戒慑冀威，更与定策立桓帝，冀遂免固官，旋弑之。桓帝名志，肃宗曾孙。育阳：见《齐武王缤传》注。安乐乡：在河南南阳南。　⑩司空：见《马援传》"三府"注。⑪特进：官名，汉制，诸侯王公将军，功德优盛，朝廷所敬异者，赐位特进，位在三公下。太常：见《马援传》"九卿"注。⑫延熹：桓帝年号。　⑬大将军：见《郑玄传》注。梁冀：字伯车，商之子，梁后兄在位二十余年，穷极满盛，威行内外，桓

帝心不能平，遂与中常侍单超等谋，以兵围冀第，收冀大将军印
绶，冀即日自杀。　　⑭韩缜：未详。孙朗：字代平，北海人。汉
津有不卫官之条，意谓党附臣下，不忠帝室，盖缜、郎及广，皆以
阿附梁冀免废也。　　⑮太中大夫：见《马援传》注。　　⑯灵
帝：见《郑玄传》注。　　⑰太傅在古为三公之一，汉为上公，
不在三公之内，掌以善导，非常置之官。陈蕃：字仲举，历仕三
公，为后汉名臣。　　⑱蕃与桓帝窦后父武谋诛宦官，事泄，为
宦官所害。　　⑲为人子者，恒言不称老，见《礼·曲礼》。
⑳广之后母卒，年九十一。　　㉑愆：过误之意。　　㉒逊：顺也。
㉓謇（jiǎn）：正言。　　㉔补阙：补其阙失。《诗·大雅》：
"衮职有阙，惟仲山甫补之。"言王有过，惟仲山甫能补之。
㉕庸：常。中庸：中和可常行之道。　　㉖议：按文当作"义"。
㉗公台：公辅之位。六帝：安帝、顺帝、冲帝、质帝、桓帝、灵帝。
㉘李咸：字元卓。三司：即三公。　　㉙熹平：灵帝年号。
㉚节：符节，以竹为之，柄长八尺，以旄牛尾为其眊，三重，乃
古人臣执以示信之物。　　㉛东园：官署名，主作凶器。梓器：棺
材。　　㉜谒者：见《光武帝纪》注。时为广护丧者为董诩。
㉝原陵：见《马皇后纪》注。　　㉞郎中：秦隶郎中令，汉世并选
为尚书郎，因其本号，而属于光禄勋之官，其下亦有称郎中者。
㉟公：三公。卿：九卿。大夫：即御史大夫、太中大夫等。汉之
太常，有博士之属官，掌通古今。议郎：比六百石，特征贤良方
正有道之士任之，掌论议。　　㊱殡位：停枢之所。


初，扬雄依《虞箴》作《十二州二十五官箴》，其九箴

亡阙①，后涿郡崔骃及子瑗又临邑侯刘騊骎增补十六篇，广复继作四篇，文甚典美。乃悉撰次首目，为之解释，名曰《百官箴》，凡四十八篇②。其余所著诗、赋、铭、颂、箴、吊及诸解诂，凡二十二篇。

------------------------------

①扬雄：字子云，前汉时人，长于文才。《虞箴》：虞人之箴，周辛甲为太史，命百官各为箴辞，以箴王阙，虞人作箴曰："芒芒禹迹，画为九州，经启九道，人有寝庙，兽有茂草，各有攸处，德用不扰；在帝夷羿，冒于原兽，忘其国恤，而思其麀（yōu）牝，武不可重，用不恢于夏家，兽臣司原，敢告仆夫。"《十二州二十五官箴》：十二州箴为冀州、青州箴、兖州箴、徐州箴、扬州箴、荆州箴、豫州箴、益州箴、雍州箴、幽州箴、并州箴、交州箴。二十五官箴，如大司农箴、宗正卿箴、廷尉箴等，中有数篇，或以为扬雄作，或谓崔氏父子作，已难于确定，故不具列。九箴亡阙：言二十五篇官箴中，亡而不存，及存而多阙文者，共有九篇。　　②崔骃：字亭伯，博学有伟才，善属文。瑗：字子正，好学，能传父业，皆后汉时人。临邑：汉县，故城在今山东东阿县北。刘騊骎，光武兄缤曾孙，有才学。骃、瑗、騊骎、广所补作之二十篇，篇名不能确定，且有亡失，兹不具列。四十八篇，雄作除亡阙之九篇，得二十八篇，合崔氏、騊骎所补之十六篇，及广继作四篇之数。

熹平六年，灵帝思感旧德，乃图画广及太尉黄琼于省内①，诏议郎蔡邕②为其颂云。

----------------------------

①黄琼：字世英。省内：禁中。　　②蔡邕：字伯喈，好辞章、数术、天文，又善音律。董卓专权，辟之，及董卓诛，为王允所杀。

# 班 超 传

　　班超，字仲升，扶风平陵人①，徐令彪之少子也②。为人有大志，不修细节。然内孝谨，居家常执勤苦，不耻劳辱。有口辩，而涉猎书传③。永平五年，兄固被召诣校书郎，超与母随至洛阳④。家贫，常为官佣书以供养⑤。久劳苦，尝辍业投笔叹曰："大丈夫无他志略，犹当效傅介子、张骞立功异域，以取封侯，安能久事笔研间乎⑥？"左右皆笑之。超曰："小子安知壮士志哉！"其后行诣相者，曰："祭酒，布衣诸生耳⑦，而当封侯万里之外。"超问其状。相者指曰："生燕颔虎颈，飞而食肉，此万里侯相也。"久之，显宗问固："卿弟安在？"固对："为官写书，受直以养老母。"帝乃除超为兰台令史⑧。后坐事免官。

--------------------------------

　　①扶风、平陵：皆见《马援传》注。　　②徐：汉县，当时属临淮郡，郡在今江苏盱眙县西北。彪：字叔皮，才高，好述作，专精史籍，采前史遗事，旁贯异闻，继司马迁《史记》作后传数十篇，其子班固用之以为《前汉书》。班彪二子，长即班固，次即班超。　　③涉猎：谓读书但作浮浅浏览，不求深入研讨。　　④永平：见《马援传》注。固：字孟坚，参阅上注。校

书郎：后汉时，郎之典校秘书者，郎居其任，则为校书郎；郎中居其任，则为校书郎中，至魏始置秘书校书郎。　　⑤为官佣书：佣雇为抄书之官，官置于前汉武帝时。　　⑥傅介子：前汉时人，尝使西域，刺杀楼兰王，以其首诣阙，封义阳侯。张骞：前汉时人，尝为西通西域，以击匈奴功，封博望侯。研：同"砚"。　　⑦一坐所尊，则先用酒以祭，故以祭酒为尊敬之称，犹唐人之称先辈。布衣诸生：犹言寻常之儒生。　　⑧除：拜官。兰台令史：秩百石头，掌书奏。兰台本汉藏秘书之宫观，以御史中丞掌之，后始置令史官。

　　十六年，奉车都尉窦固出击匈奴，以超为假司马，将兵别击伊吾①，战于蒲类海②，多斩首虏而还。固以为能，遣与从事郭恂惧使西域③。超到鄯善④，鄯善王广奉超礼敬甚备，后忽更疏懈⑤。超谓其官属曰："宁觉广礼意薄乎？此必有北虏使来⑥，狐疑未知所从故也。明者睹未萌，况已著邪。"乃召侍胡⑦诈之曰："匈奴使来数日，今安在乎？"侍胡惶恐，具服其状。超乃闭侍胡，悉会其吏士三十六人，与共饮，酒酣，因激怒之曰："卿曹⑧与我俱在绝域，欲立大功，以求富贵。今虏使到裁数日，而王广礼敬即废；如令鄯善收吾属送匈奴，骸骨长为豺狼食矣。为之奈何？"官属皆曰："今在危亡之地，死生从司马！"超曰："不入虎穴，不得虎子。当今之计，独有因夜以火攻虏，使彼不知我多少，必大震怖，可殄尽也⑨。灭此虏，则鄯善破胆，功成事立矣。"众曰:"当与从事议之。"超怒曰:"吉凶决于今日。从事文俗吏,闻此必恐而谋泄,死无所名,非壮士也!"众曰:"善。"初夜⑩,遂将吏士往奔虏营。会天大风,超令十人持鼓藏虏舍后,约曰:"见火然,皆当鸣鼓大呼!"余人悉持兵弩夹门而伏。超乃顺风纵火,前后鼓噪。虏众惊乱,超手格杀三人⑪,吏兵斩其使及从士三十余级,余众百许人悉烧死。明日乃还告郭恂,恂大惊,既而色动⑫。超知其意,举手曰:"掾⑬虽不行,班超何心独擅之乎?"恂乃悦。超于是召鄯善王广,以虏使首示之,一国震怖。超晓告抚慰,遂纳子为质⑭。还奏于窦固,固大喜,具上超功效,并求更选使使西域。帝壮超节,诏固曰:"吏如班超,何故不遣而更选乎?今以超为军司马⑮,令遂⑯前功。"超复受使。固欲益其兵,超曰:"愿将本所从三十余人足矣。如有不虞,多益为累。"

------------------------------

①奉车都尉:秩二千石,掌御乘舆车,都尉之属于侍从官者,侍从官之都尉,汉有三,一奉车,一驸马,一骑。假司马:车官名,大将军营五部,部有校尉一人,军司马一人,又有军假司马为副贰。伊吾:地名,在匈奴,今新疆哈密县地,后汉取此以通西域。　　②蒲类海:匈奴中海名,今新疆巴里坤哈萨克自治县西北有池,即古蒲类海。　　③从事:佐吏之称,如刺史之佐吏主簿功曹等。西域:指汉敦煌郡以西诸国而言,名亦始于汉时。④鄯(shàn)善:西域国,前汉名楼兰,没于沙漠,在今新疆境内。

⑤更：变易。　　　⑥北虏：指匈奴。　　　⑦侍胡：给事左右之胡人。　　⑧卿曹：犹卿辈。　　　⑨殄（tiǎn）：绝灭之意。⑩初夜：初更时也。　　⑪手格杀：亲手击杀之也。　　⑫恂意欲分其功，而不能自掩于外，故色动。　　　⑬掾：见《马援传》注，班超以称恂也。　　　⑭质（zhì）：抵押以取信。　　　⑮军司马：见上"假司马"注。　　　⑯遂：成。

　　是时，于阗王广德新攻破莎车，遂雄张南道①，而匈奴遣使监护其国，超既西，先至于阗。广德礼意甚疏。且其俗信巫。巫言："神怒何故欲向汉？汉使有骍马②，急求取以祠我！"广德乃遣使就超请马。超密知其状，报许之，而令巫自来取马。有顷，巫至，超即斩其首以送广德，因辞让之。广德素闻超在鄯善诛灭虏使，大惶恐，即攻杀匈奴使者而降超。超重赐其王以下，因镇抚焉。

------------------------------

　　①于阗：西域国，今新疆和田、于田两县。莎车：西域国，今新疆莎车县。雄张：犹炽盛。西域南北有大山，中央有河，自汉至西域，有南北两道，从鄯善傍南山，北傍河，西行至莎车为南道。　　②骍（guà）马：黄马黑喙者。

　　时龟兹王建为匈奴所立，倚恃虏威，据有北道①，攻破疏勒②，杀其王，而立龟兹人兜题为疏勒王。明年春，超从间道至疏勒。去兜题所居槃橐城九十里，逆遣③吏田虑先往降之。敕虑曰："兜题本非疏勒种，国人必不用命。若不即降，便可执之。"虑既到，兜题见虑轻弱，殊无降意。虑因其无备，遂前劫缚兜题。左右出其不意，皆惊惧奔走。虑驰报超，超即赴之，悉召疏勒将吏，说以龟兹无道之状，因立其故王兄子忠为王。国人大悦。忠及官属皆请杀兜题，超不听，欲示以威信，释而遣之。疏勒由是与龟兹结怨。

------------------------------

①龟（qiū）兹：西域国，今新疆库车县地。自车师前王庭——车师亦西域国，分前后二王，前王庭治交河城，在今新疆吐鲁番西，后王庭治务涂谷，在新疆吉木萨尔地——随北山傍河西行至疏勒为北道，参阅前"南道"注。　　②疏勒：西域国，即今新疆疏勒县。　　③逆遣：犹言预遣。

十八年，帝崩。焉耆以中国大丧，遂攻没都护陈睦①。超孤立无援，而龟兹、姑墨②数发兵攻疏勒。超守槃橐城，与忠为首尾，士吏单少，拒守岁余。肃宗初即位，以陈睦新没，恐超单危不能自立，下诏征超。超发还，疏勒举国忧恐。其都尉③黎弇曰："汉使弃我，我必复为龟兹所灭耳。诚不忍见汉使去。"因以刀自刭。超还至于阗，王侯以下皆号泣曰："依汉使如父母，诚不可去！"互抱超马脚，不得行。超恐于阗终不听其东，又欲遂本志，乃更还疏勒。疏勒两城自超去后，复降龟兹，而与尉头连兵④。超捕斩反者，击破尉头，杀六百余人，疏勒复安。

----------------------------

①焉耆（yàn zhī）：西域国，全境包括今新疆焉耆至尉犁县地。都护：始为前汉宣帝置西域之官，其初未尽并北道，只称护鄯善以西使者，后并护北道，因号都护。都：总也，谓总护南北道。陈睦为都护时，郭恂为副校尉，睦既攻没，恂亦被杀。
②姑墨：西域国，今新疆拜城县境。　　　③都尉：西域官。
④尉头：西域国，南与疏勒接，今新疆乌什县西。


　　建初三年①，超率疏勒、康居、于阗、拘弥兵一万人②，攻姑墨石城，破之，斩首七百级。超欲因此叵③平诸国，乃上疏请兵。曰："臣窃见先帝④欲开西域，故北击匈奴，西使外国⑤，鄯善、于阗，即时向化。今拘弥、莎车、疏勒、月氏、乌孙、康居⑥复愿归附，欲共并力破灭龟兹，平通汉道。若得龟兹，则西域未服者百分之一耳。臣伏自惟念，卒伍小吏，实愿从谷吉效命绝域，庶几张骞弃身旷野⑦。昔魏绛列国大夫，尚能和辑诸戎⑧，况臣奉大汉之威，而无铅刀一割之用乎⑨？前世议者皆曰取三十六国，号为断匈奴右臂⑩。今西域诸国，自日之所入，莫不向化⑪，大小欣欣，贡奉不绝，惟焉耆、龟兹独未服从。臣前与官属三十六人奉使绝域，备遭艰厄。自孤守疏勒，于今五载，胡夷情数，臣颇识之。问其城郭大小，皆言'倚汉与依天等⑫'；以是效之，则葱领可通⑬，葱领通则龟兹可伐。今宜拜龟兹侍子白霸为其国王，以步骑数百送之，与诸国连兵，岁月之间，龟兹可禽。以夷狄攻夷狄，计之善者也。臣见莎车、疏勒田地肥广，草牧饶衍⑭，不比敦煌、鄯善间也⑮，兵可不费中国而粮食自足。且姑墨、温宿二王⑯，特为龟兹所置，既非其种，更相厌苦，其势必有降反。若二国来降，则龟兹自破。愿下臣章，参考行事。诚有万分，死复何恨。臣超区区，特蒙神灵，窃冀未便僵仆⑰，目见西域平定，陛下举万年之觞⑱，荐勋祖庙⑲，布大喜于天下。"书奏，帝知其功可成，议欲给兵。平陵人徐幹⑳素与超同志，上疏愿奋身佐超。五年，遂以幹为假司马，将弛刑及义从千人就超㉑。

------------------------------

①建初：见《马援传》注。　　②康居：古西域国名。东界乌孙，西达奄蔡，南接大月氏，东南临大宛，约在今巴尔喀什湖和咸海之间，王都卑阗城。拘弥：西域国，今新疆于田县克勒底雅以东之地，亦曰扜弥。　　③叵（pǒ）：遂也。　　④先帝：指明帝。　　⑤击匈奴，使外国，即指窦固击匈奴，遣超与郭恂使西域事。　　⑥月氏（ròu zhī）：西域国名，其族先居甘肃西境，汉时为匈奴所破，西走至阿母河，都河北，曰大月氏，其余小众不能去者，为小月氏。乌孙：国名，在西域诸国之北，地占今新疆伊犁河流域。　　⑦谷吉：前汉谷永父，元帝时，遣送郅支单于——匈奴呼韩邪单于之兄，攻呼韩邪自立——侍子，为郅支所杀。张骞为汉使月氏，经匈奴，被拘十余岁，乃亡走大宛——在大月氏东北，今俄属浩罕——穷急，射禽兽给食。参阅前注。⑧魏绛：春秋晋大夫。晋悼公时，山戎使孟乐如晋，因绛纳虎豹

之皮请和诸戎，公因使绛与诸戎盟。事见《左传》。辑（jí）：亦和也。　　⑨铅刀：超以自喻，谦下之词。铅刀一割：言刀虽铅制，利不如宝剑，而乘大汉之威，不可不效一割之用。　　⑩前汉诸臣，常言武帝与乌孙相结，为断匈奴右臂，参阅后注。凡南面以西为右。三十六国，皆西域，在匈奴之西，乌孙之南，乃婼羌、楼兰、且末、小宛、精绝、拘弥、戎庐、渠勒，上八国在敦煌西，于阗东，今皆沦为沙漠。　　⑪汉时谓自条支（亦西域国，城在山上，周围四十余里）乘水西行，可百余日，皆近日所入云。⑫西域诸国，大率土著，有城郭田畜，常定居，不随牧畜迁徙，与匈奴、乌孙等异俗，故称城郭国，此言城郭诸国，若小若大，皆云倚汉与依天等。　　⑬效：验也。葱领：亚洲山脊，为中国大山之发脉处，东趋首入新疆。领，通"岭"。　　⑭饶衍：富饶。⑮敦煌：汉置郡，在今甘肃。　　⑯温宿：古国名。今为新疆维吾尔自治区温宿县。　　⑰未便僵仆：言未必即死。　　⑱言西域平定，廷臣毕贺，天子为之举觞，以庆万年。　　⑲荐：进也；勋：功也。　　⑳徐幹：字伯张，善章草书，与班固相善。　　㉑义从：自愿从军者。一说，汉魏时称胡羌等少数民族归附朝廷为"义从"。

　　先是，莎车以为汉兵不出，遂降于龟兹，而疏勒都尉番辰①亦复反叛。会徐幹适至，超遂与幹击番辰，大破之，斩首千余级，多获生口。超既破番辰，欲进攻龟兹。以乌孙兵强，宜因其力，乃上言："乌孙大国，控弦十万，故武帝妻以公主，至孝宣皇帝，卒得其用②。今可遣使招慰，与共合力。"帝纳之。八年，拜超为将兵长史，假鼓吹幢麾③。以徐幹为军司马，别遣卫候④李邑护送乌孙使者，赐大小昆弥⑤以下锦帛。李邑始到于阗，而值龟兹攻疏勒，恐惧不敢前，因上书陈西域之功不可成，又盛毁超拥爱妻，抱爱子，安乐外国，无内顾心。超闻之，叹曰："身非曾参而有三至之谗，恐见疑于当时矣。"遂去其妻。帝知超忠，乃切责邑曰："纵超拥爱妻，抱爱子，思归之士千余人，何能尽与超同心乎？"令邑诣超受节度。诏超："若邑任在外者，便留与从事⑥。"超即遣邑将乌孙侍子还京师。徐幹谓超曰："邑前亲毁君，欲败西域，今何不缘⑦诏书留之，更遣他吏送侍子乎？"超曰："是何言之陋也！以邑毁超，故今遣之。内省不疚，何恤人言⑧！快意留之，非忠臣也。"

----------------------------

①番（pān）：番辰，都尉名。　　②控（kòng）：控弦，引弓，因以称兵卒之强健者。武帝：名彻，前汉景帝子。公主，名细君，景帝孙江都王建女，武帝以为公主，以妻乌孙，赠送甚盛，乌孙以为右夫人。孝宣皇帝：初名病已，后更名询，字次卿，武帝曾孙，即位后，乌孙上言，匈奴侵扰己国，欲使己与汉隔绝，愿发精兵力击之，亦望汉出兵以救公主——另一公主，非前武帝所妻——于是汉兵分道并出，乌孙以五万骑从，败匈奴，获四万余级，牲畜七十余万。　　③长史：官名，后汉时，三公及大将军府皆有之，将兵长史特置于边郡，就长史之官加以"将兵"字样耳。鼓吹：即军乐。幢（zhuàng）麾：仪仗旗帜之属。

鼓吹幢麾，皆大将所有，超非大将，故言假。　④卫候：官
名。　　⑤乌孙称王为昆弥，老昆弥死，子孙争国，宣帝时，汉
令立大小两昆弥，各赐印绶，于是有大小昆弥之号。　⑥言邑
若在外胜任者，即留与共事。　　⑦缘：因也。　　⑧省
（xǐng）：察也。疚：心有所愧。恤：忧也。


　　明年，复遣假司马和恭等四人将兵八百诣超，超因发疏
勒、于阗兵击莎车。莎车阴通使疏勒王忠，啖①以重利，忠
遂反从之，西保乌即城。超乃更立其府丞②成大为疏勒王，
悉发其不反者以攻忠。积半岁，而康居遣精兵救之，超不能
下。是时，月氏新与康居婚，相亲，超乃使使多赍锦帛遗月
氏王，令晓示康居王，康居王乃罢兵，执忠以归其国，乌即
城遂降于超。后三年，忠说康居王借兵，还据损中③，密与
龟兹谋，遣使诈降于超。超内知其奸而外伪许之。忠大喜，
即从轻骑诣超。超密勒兵待之，为供张④设乐，酒行，乃叱
吏缚忠斩之。因击破其众，杀七百余人，南道于是遂通。

　　------------------------------

　　①啖（dàn）：以利饵之。　　②西域诸王有丞，比中国郡
县。　　③损中：应作"桢中"，疏勒城。　　④供张：陈设之
意。


　　明年，超发于阗诸国兵二万五千人，复击莎车。而龟兹
王遣左将军发温宿、姑墨、尉头合五万人救之。超召将校及

于阗王议曰："今兵少不敌，其计莫若各散去。于阗从是而东，长史亦于此西归①，可须夜鼓声而发②。"阴缓所得生口③。龟兹王闻之大喜，自以万骑于西界遮超，温宿王将八千骑于东界徼于阗。超知二虏已出，密召诸部勒兵，鸡鸣驰赴莎车营，胡大惊乱奔走，追斩五千余级，大获其马畜财物。莎车遂降，龟兹等因各退散。自是威震西域。

------------------------------

①时班超合兵击莎车，莎车之东为于阗，西为疏勒，于阗自莎车东归，将兵长史西归疏勒。　②须：等待。夜鼓声：夜半之鼓声，其数三通。《司马法》：军中夜间击鼓凡三次，昏黑之鼓四通，夜半三通，旦明五通也。　③缓：持之不急，使得遁归以通信也。生口：即俘虏。

初，月氏尝助汉击车师有功，是岁，贡奉珍宝、符拔①、师子，因求汉公主。超拒还其使，由是怨恨。永元二年②，月氏遣其副王谢③将兵七万攻超。超众少，皆大恐。超譬军士曰："月氏兵虽多，然数千里逾葱领来，非有运输，何足忧邪？但当收谷坚守，彼饥穷自降，不过数十日决矣。"谢遂前攻超，不下，又抄掠无所得。超度其粮将尽，必从龟兹求救，乃遣兵数百于东界要之。谢果遣骑赍金银珠玉以赂龟兹。超伏兵遮击，尽杀之，持其使首以示谢。谢大惊，即遣使请罪，愿得生归。超纵遣之。月氏由是大震，岁奉贡献。

------------------------------

①符拔：亦作"扶拔"，兽名，似麟，无角。　　②永元：
汉和帝年号。　　③副王：犹裨王，小王也。谢：其名。

　　明年，龟兹、姑墨、温宿皆降，乃以超为都护，徐幹为
长史。拜白霸为龟兹王，遣司马①姚光送之。超与光共协龟
兹，废其王尤利多而立白霸，使光将尤利多还诣京师。超居
龟兹它乾城，徐幹屯疏勒。西域唯焉耆、危须、尉犁以前没
都护，怀二心②，其余悉定。六年秋，超遂发龟兹、鄯善等
八国兵合七万人，及吏士贾客千四百人讨焉耆。兵到尉犁
界，而遣晓说③焉耆、尉犁、危须曰："都护来者，欲镇抚
三国。即欲改过向善，宜遣大人④来迎，当赏赐王侯已下，
事毕即还。今赐王彩五百匹。"焉耆王广遣其左将北鞬支奉
牛酒迎超。超诘鞬支曰："汝虽匈奴侍子⑤，而今秉国之
权。都护自来，王不以时迎，皆汝罪也。"或谓超可便杀
之。超曰："非汝所及。此人权重于王⑥，今未入其国而杀
之，遂令自疑，设备守险，岂得到其城下哉！"于是赐而遣
之。广乃与大人迎超于尉犁，奉献珍物。焉耆国有苇桥之
险⑦，广乃绝桥，不欲令汉军入国。超更从它道厉度⑧。七
月晦，到焉耆，去城二十里，营大泽中。广出不意，大恐，
乃欲悉驱其人共入山保⑨。焉耆左候⑩元孟先尝质京师，密
遣使以事告超，超即斩之，示不信用。乃期大会诸国王，因
扬声当重加赏赐。于是焉耆王广、尉犁王泛及北鞬支等三十

人相率诣超。其国相腹久等十七人惧诛，皆亡入海，而危须王亦不至。坐定，超怒诘广曰："危须王何故不到？腹久等所缘逃亡？⑪"遂叱吏士收广、泛等于陈睦故城斩之，传首京师。因纵兵抄掠，斩首五千余级，获生口万五千人，马畜牛羊三十余万头，更立元孟为焉耆王。超留焉耆半岁，慰抚之。于是西域五十余国悉皆纳质内属焉。

----------------------------

①司马：武职属官，州郡多有之，其有特称如宫掖门之南屯司马、苍龙司马等，不在此例。　　②以前攻没都护陈睦，恐汉终讨其罪，不安心归服也。　　③遣人晓喻之。　　④大人：谓其酋长。　　⑤北鞬支：本匈奴人，入侍焉耆。　　⑥焉耆国人皆敬信北鞬支。　　⑦焉耆所都，四面大山，道险阻，有海水曲入四山，周匝其城，故设苇桥以通之。　　⑧以衣涉水曰"厉"。度：与"渡"通。　　⑨入山保：入山自保。　　⑩左候：焉耆官名。　　⑪又诘问腹久等逃亡之故。

明年，下诏曰："往者匈奴独擅西域，寇盗河西①，永平之末，城门昼闭。先帝深愍边氓婴罹寇害，乃命将帅击右地②，破白山③，临蒲类，取车师，城郭诸国震慑④响应，遂开西域，置都护。而焉耆王舜、舜子忠独谋悖逆，恃其险隘，覆没都护，并及吏士。先帝重元元之命⑤，惮兵役之兴，故使军司马班超安集于阗以西。超遂逾葱领，迄县度⑥，出入二十二年，莫不宾从⑦。改立其王，而绥⑧其人。

不动中国，不烦戎士，得远夷之和，同异俗之心，而致天诛，蠲⑨宿耻，以报将士之仇。《司马法》⑩曰：'赏不逾月，欲人速睹为善之利也。'其封超为定远侯，邑千户⑪。"

----------------------------

①河西：指黄河以西地。　　②右地：要地。　　③白山：冬夏有雪，故名。窦固曾于此击败匈奴兵。　　④慑（shè）：惧也。　　⑤元元：百姓，庶民。　　⑥迄：至。县：读如悬。县度：山名，以其用绳索悬缒而过，在皮山国西，罽宾国（今克什米尔一带）东。　　⑦宾：服也。　　⑧绥：安也。　　⑨蠲（juān）：除也。　　⑩《司马法》：书名，旧题司马穰苴撰，实则齐威王诸臣集古兵法为之，而附穰苴于其中。　　⑪以汉中郡南郑县之西乡户千封班超为定远侯，侯国故城，即今陕西镇巴县。


超自以久在绝域，年老思土①。十二年，上疏曰："臣闻太公封齐，五世葬周，狐死首丘，代马依风②。夫周齐同在中土千里之间，况于远处绝域，小臣能无依风首丘之思哉？蛮夷之俗，畏壮侮老③。臣超犬马齿歼④，常恐年衰，奄忽僵仆⑤，孤魂弃捐。昔苏武留匈奴中尚十九年⑥，今臣幸得奉节⑦，带金银⑧，护西域，如自以寿终屯部，诚无所恨，然恐后世或名臣为没西域⑨。臣不敢望到酒泉郡，但愿生入玉门关⑩。臣老病衰困，冒死瞽言⑪，谨遣子勇随献物入塞⑫。及臣生在，令勇目见中土。"而超妹同郡曹寿妻昭⑬亦上书请超曰："妾同产兄西域都护定远侯超，幸得以微功，特蒙重赏，爵列通侯，位二千石。天恩殊绝，诚非小臣所当被蒙。超之始出，志捐躯命，冀立微功，以自陈效。会陈睦之变，道路隔绝，超以一身转侧绝域，晓譬诸国，因其兵众，每有攻战，辄为先登，身被金夷⑭，不避死亡。赖蒙陛下神灵，且得延命沙漠，至今积三十年。骨肉生离，不复相识。所与相随时人士众，皆已物故⑮。超年最长，今且七十。衰老被病，头发无黑，两手不仁⑯，耳目不聪明，扶杖乃能行。虽欲竭尽其力，以报塞天恩，迫于岁暮，犬马齿索⑰。蛮夷之性，悖逆侮老，而超旦暮入地，久不见代，恐开奸宄之源，生逆乱之心。而卿大夫咸怀一切⑱，莫肯远虑。如有卒暴，超之气力不能从心，便为上损国家累世之功，下弃忠臣竭力之用，诚可痛也！故超万里归诚，自陈苦急，延颈逾望⑲，三年于今，未蒙省录。妾窃闻古者十五受兵，六十还之⑳，亦有休息不任职也。缘陛下以至孝理天下，得万国之欢心，不遗小国之臣，况超得备侯伯之位，故敢触死为超求哀，丐㉑超余年。一得生还，复见阙庭，使国永无劳远之虑，西域无仓卒之忧，超得长蒙文王葬骨之恩，子方哀老之惠㉒。《诗》云：'民亦劳止，汔可小康，惠此中国，以绥四方㉓'。超有书与妾生诀，恐不复相见。妾诚伤超以壮年竭忠孝于沙漠，疲老则便捐死于旷野，诚可哀怜。如不蒙救护，超后有一旦之变，冀幸超家得蒙赵母、卫姬先请之贷㉔。妾愚戆不知大义，触犯忌讳。"书奏，帝感其言，乃征超还。超在西域三十一岁。十四年八月至洛阳，拜为射声校尉㉕。超素有胸胁疾，既至，病遂加。帝遣中黄门㉖问疾，赐医药。其九月卒，年七十一。朝廷愍惜焉㉗，使者吊祭，赠赗㉘甚厚。子雄嗣。

----------------------------

①思土：思念故土。　　②太公姜尚佐周武王灭商，封于齐为诸侯，其子孙比及五世，虽死于齐，皆反葬于周。狐死首丘：言狐虽狼狈而死，犹使首力向其丘。丘：狐窟穴根本之处。代马依风：代郡在北，北风起，马常以身切近之。　　③畏壮侮老：言其贵壮健贱老弱。　　④犬马齿：犬马之年，卑抑之辞。歼：尽也。　　⑤奄忽：疾速貌僵仆，谓死也。　　⑥苏武：字子卿，前汉武帝时，以中郎将奉使匈奴，匈奴欲降之，武不屈，被幽困，凡留匈奴十九年，始得归国。　　⑦节：见《胡广传》注。⑧金银：即金印、银印。　　⑨言恐后世或谓超陷身西域，未得考终本国，致朝廷负薄待功臣之名。　　⑩酒泉郡：汉置，后置肃州，属甘肃，今改酒泉市；郡故城在县东北，去长安二千八百五十里。玉门关：古关，在今甘肃敦煌市西百五十里阳关之西北，汉时与阳关皆为通西域要道，去长安三千六百里。　　⑪嚚言：见《胡广传》注。　　⑫勇：字宜僚，有父风，亦尝立功西域及匈奴。时西域有使入朝献物，超因遣勇随入塞。　　⑬曹寿：字世叔，亦扶风人，早死。昭：一名姬，字惠姬，博学高才，和帝召入宫，令皇后诸贵人师事之，尊称曰大家。　　⑭金夷：犹金疮。⑮物故：谓死亡。　　⑯不仁：犹“不遂”。　　⑰索：见《马援传》注。　　⑱一切：犹权宜，言非经常，如以刀切物，苟取

整齐，不顾长短纵横。喻卿大夫只贪一时之苟安。　　⑲逾：与"遥"通，远也。　　⑳《周礼》："国中七尺以及六十，野自六尺以及六十有五，皆征之。"征：谓赋税从征役也。七尺，年二十，六尺，年十五。十五受兵，据野外言，六十还之，据国中为说也。　　㉑丐：乞也。　　㉒文王：指周文王，尝出游，见枯骨，使葬之，诸侯皆谓其泽及枯骨，遂相率归周。子方：战国时田子方也，为魏文侯师，见君之老马弃之，曰："少尽其力，老而弃之，非仁也。"遂收而养之。　　㉓《诗·大雅·民劳》篇语。汔（qì）：几也。康、绥：皆安也。言先施恩惠于中国，然后乃安四方。　　㉔赵母：战国时赵将赵括之母，赵括出兵，母知其必败，先请于赵王，得不坐。卫姬：春秋时卫国之女，齐桓公姬，桓公与管仲谋伐卫，议毕，公入，姬辨其色，请免卫之罪，公许不伐。贷（dài）：宽免。　　㉕射声校尉：汉置官，秩二千石，掌宿卫兵。　　㉖中黄门：官名，以宦者任之。　　㉗愍（mǐn）：怜惜。　　㉘赗（fèng）：赠死之物。

　　初，超被征，以戊己校尉①任尚为都护，与超交代。尚谓超曰："君侯在外国三十余年，而小人猥承君后，任重虑浅，宜有以诲之。"超曰："年老失智，任君数当大位，岂班超所能及哉！必不得已，愿进愚言：塞外吏士，本非孝子顺孙，皆以罪过徙补边屯。而蛮夷怀鸟兽之心，难养易败。今君性严急，水清无大鱼，察政不得下和②。宜荡佚③简易，宽小过，总大纲而已。"超去后，尚私谓所亲曰："我以班君当有奇策，今所言平平耳。"尚至数年，而西域反乱，以罪被征，如超所戒。

----------------------------

①戊己校尉：戊校尉与己校尉也，前汉元帝时始置此官，以镇抚西域，后旋罢旋置。　②言为政过于细察，则在下者不悦服。　③荡佚：无仪检。

# 黄 宪 传

　　黄宪，字叔度，汝南慎阳人也①。世贫贱，父为牛医②。颍川荀淑③至慎阳，遇宪于逆旅④，时年十四，淑竦然异之⑤，揖与语，移日⑥不能去。谓宪曰："子，吾之师表也⑦。"既而前至袁阆所，未及劳问，逆⑧曰："子国有颜子⑨，宁识之乎？"阆曰："见吾叔度邪？"是时，同郡戴良⑩才高倨傲，而见宪未尝不正容，及归，罔然若有失也⑪。其母问曰："汝复从牛医儿来邪？"对曰："良不见叔度，不自以为不及；既睹其人，则瞻之在前，忽焉在后⑫，固难得而测矣！"同郡陈蕃、周举⑬常相谓曰："时月之间不见黄生，则鄙吝⑭之萌复存乎心。"及蕃为三公⑮，临朝叹曰："叔度若在，吾不敢先佩印绶矣！"太守王龚在郡⑯，礼进贤达，多所降致，卒不能屈宪。郭林宗⑰少游汝南，先过袁阆，不宿而退，进往从宪，累日方还。或以问林宗。林宗曰："奉高之器⑱，譬诸氿滥⑲，虽清而易挹。叔度汪汪若千顷陂，澄之不清，淆之不浊⑳，不可量也！"

------------------------------

　　①慎阳：汉县名，本作滇阳。　　②牛医：能治牛病者之称。　　③颍川：见《光武帝纪》注。荀淑：字季和，行高学

博，当时贤达，皆师宗之。　④逆旅：客舍。　⑤竦（sǒng）然：惊异貌。　⑥移日：日影移也。　⑦师表：言可师法而为表率。　⑧逆：迎也。　⑨子国：犹言子邦，称人之乡里，阆为慎阳人。颜子：即颜回。　⑩戴良：字叔鸾，亦慎阳人。　⑪阒然：若有所失貌。　⑫瞻之在前，忽焉在后：乃颜渊慕孔子之言，见《论语》。　⑬陈蕃：字仲举，汝南平舆人。周举：字宣光，汝南汝阳人，博学洽闻，为儒者所宗。一本举作"乘"，字子居，则又一人也。　⑭吝：贪也。⑮三公：指后汉太尉、司徒、司空。蕃曾为太尉。　⑯王龚：字伯宗，曾为汝南太守，好才爱士，仕至太尉。　⑰郭林宗：名泰，博学，教授弟子以千数，名震当时。　⑱奉高：阆字。⑲氿（guǐ）：泉之侧出者。滥（kǎn）：泉之正出者。　⑳汪汪：深大貌。陂（pí）：蓄水处。澄之：使之清。淆之：使之浊。

　　宪初举孝廉①，又辟公府②，友人劝其仕，宪亦不拒之，暂到京师而还，竟无所就。年四十八终，天下号曰"征君"③。

------------------------------

　　①孝廉：见《郑玄传》注。　②辟：见《郑玄传》注。③征君：有学行而被诏征召者之尊称。

　　论曰：黄宪言论风旨，无所传闻，然士君子见之者，靡不服深远，去玼吝①，将以道周性全，无德而称乎②！余曾祖穆侯③，以为宪陨然其处顺④，渊乎其似道⑤，浅深莫臻其分⑥，清浊未议其方⑦。若及门于孔氏，其殆庶乎⑧，故尝著论云⑨。

----------------------------

①玼：与"疵"通。 　②道周性全：道周备而性全一。无德而称：言其德大难名。 　③曾祖穆侯：《后汉书》作者范晔之曾祖汪，字玄平，穆其谥。 　④陨（tuí）：同"颓"。颓然，柔顺貌。 　⑤渊乎：深貌。道渊深不可知，言宪似之。 ⑥分：读去声。 　⑦方：所也。 　⑧及门：受业门下为弟子。殆：近也。《易·系辞》："颜氏之子，其殆庶几乎。"言宪如为孔子弟子，庶几为大贤。 　⑨言其曾祖尝著论。

# 申屠蟠传

申屠蟠，字子龙，陈留外黄人也①。九岁丧父，哀毁过礼。服除，不进酒肉十余年。每忌日，辄三日不食②。同郡缑氏女玉③为父报仇，杀夫氏之党，吏执玉以告外黄令梁配，配欲论杀玉。蟠时年十五，为诸生④，进谏曰："玉之节义，足以感无耻之孙，激忍辱之子。不遭明时⑤，尚当表旌庐墓，况在清听⑥，而不加哀矜！"配善其言，乃为谳⑦得减死论。乡人称美之。

----------------------------

①外黄：汉县，故城在今河南民权县东。　　②三日不食：非故不食，以哀戚废食。　　③缑氏女玉：缑姓女名玉。　　④诸生：见《胡广传》注。　　⑤明时：谓治世。　　⑥清听：谓圣明。　　⑦谳（yǎn）：请也，为请于廷尉。

家贫，佣为漆工，郭林宗①见而奇之。同郡蔡邕②深重蟠，及被州辟③，乃辞让之曰："申屠蟠禀气玄妙，性敏心通，丧亲尽礼，几于毁灭。至行美义，人所鲜能。安贫乐潜④，味道守真，不为燥湿轻重⑤，不为穷达易节。方之于邕，以齿则长，以德则贤。"后郡召为主簿⑥，不行。遂隐居精学，博贯五经，兼明图纬⑦。

-----------------------------

①郭林宗：见《黄宪传》注。　　②蔡邕：陈留圉（今河南杞县）人。　　③辟：征召并授官职。　　④乐潜：乐于隐遁。⑤燥湿轻重：不因其燥湿而有轻重，喻不改其操守。　　⑥主簿：属官，各官署皆有之。　　⑦图纬：占验术数之书。

　　始与济阴王子居同在太学①，子居临殁，以身托蟠，蟠乃躬推辇车，送丧归乡里。遇司隶从事于河巩之间②，从事义之，为封传③护送，蟠不肯受，投传于地而去。事毕还学。太尉黄琼辟④，不就。及琼卒，归葬江夏⑤，四方名豪会帐下者⑥六七千人，互相谈论，莫有及蟠者。唯南郡一生⑦与相酬对，既别，执蟠手曰："君非聘则征，如是相见于上京矣。"蟠勃然作色⑧曰："始吾以子为可与言也，何意乃相拘教乐贵之徒邪⑨！"因振手而去，不复与言。再举有道⑩，不就。

-----------------------------

①济阴：汉郡，在今山东。王子居：子居为字，名未详。②司隶从事：司隶校尉之属官。河巩：河南郡巩县，今河南巩义。③传：符信。　　④太尉：见《马援传》"三府"注。黄琼：见《胡广传》注。　　⑤江夏：汉郡，在今湖北。琼：江夏安陆人。⑥帐下：葬处。　　⑦南郡：见《胡广传》注。　　⑧勃然：变色貌。　　⑨拘：读如钩，曲也；乐：读如效。拘教乐贵：曲诱

使从贵也。　　⑩有道：见《郑玄传》注。

先是京师游士汝南范滂等非讦朝政①，自公卿以下皆折节下之。太学生争慕其风，以为文学将兴，处士复用。蟠独叹曰："昔战国之世，处士横议，列国之王，至为拥篲先驱②，卒有坑儒烧书之祸③，今之谓矣！"乃绝迹于梁砀之间④，因树为屋，自同佣人。居二年，滂等果罹党锢，或死或刑者数百人，蟠确然⑤免于疑论。

------------------------------

①汝南：见《郑玄传》注。范滂，自有传。　　②横议：言论纵恣也。篲：同"彗"，帚也。邹衍如燕，燕昭王拥篲先驱，请列弟子之坐而受业。　　③古代第一暴君秦始皇以首都儒生，是古非今，鼓动人民，听从李斯之议，收天下之书，除了《秦纪》及医药卜筮种树之书，全部焚烧，又因小事坑杀儒生无数。④梁砀（dàng）：梁国砀县，当时属豫州，隋改砀县为砀山县，今属安徽。　　⑤确然：坚貌。

后蟠友人陈郡①冯雍坐事系狱，豫州牧黄琬②欲杀之。或劝蟠救雍，蟠不肯行，曰："黄子琰为吾故邪，未必合罪③。如不用吾言，虽往何益！"琬闻之，遂免雍罪。

------------------------------

①陈郡：前汉为淮阳国，后汉改陈国，在今河南。　　②黄琬：字子琰，琼孙。　　③此句言为吾故而赦之，则枉法徇私，

未必合于罪之所应得。

　　大将军何进①连征不诣，进必欲致之，使蟠同郡黄忠书
劝曰："前莫府初开②，至如先生，特加殊礼，优而不名，
申以手笔，设几杖之坐③。经过二载，而先生抗志弥高，所
尚益固。窃论先生高节有余，于时则未也④。今颍川荀爽载
病在道⑤，北海郑玄北面受署⑥。彼岂乐羁牵哉，知时不可
逸豫也。昔人之隐，遭时则放声灭迹，巢栖茹薇⑦。其不遇
也，则裸身大笑，被发狂歌⑧。今先生处平壤，游人间，吟
典籍，袭衣裳，事异昔人，而欲远蹈其迹，不亦难乎⑨！孔
氏可师，何必首阳⑩？"蟠不答。中平五年⑪，复与爽、玄
及颍川韩融、陈纪等十四人并博士征⑫，不至。明年，董卓
废立⑬，蟠及爽、融、纪等复俱公车征⑭，惟蟠不到。众人
咸劝之，蟠笑而不应。居无几，爽等为卓所胁迫，西都长
安，京师扰乱⑮；及大驾西迁⑯，公卿多遇兵饥，室家流散，
融等仅以身脱。唯蟠处乱末⑰，终全高志。年七十四，终于
家。

------------------------------

　　①大将军、何进：皆见《郑玄传》注。　　②莫府：同"幕
府"，将帅所置，以纳宾友，备咨议。　　③几杖：见《郑玄
传》注。　　④于时则未：谓于时未合以节操自高。　　⑤荀爽：
字慈明，荀淑之子，称为硕儒，何进征为从事中郎。　　⑥见前
《郑玄传》。　　⑦放：弃也。放声：放弃声名。灭迹：不以真

迹示人。巢栖：指尧时隐者巢父以树为巢而寝其上。茹：食也。
薇：草名。茹薇：指周武王灭商时，伯夷、叔齐隐首阳山不食
粟，采薇而食。 ⑧裸身大笑：指周时隐者桑扈裸行。被发：
指商末箕子披发佯狂。狂歌：指周时隐者楚狂接舆。 ⑨平壤：
即平地。典籍：谓古书籍。处平壤，则异于巢栖茹薇，游人间，
则异于放声灭迹，吟典籍，则异于大笑狂歌，袭衣裳，则异于裸
身披发，故曰事异昔人而欲远蹈其迹也。 ⑩孔子处春秋乱
世，未尝遁身自隐，可仕则仕之，故曰孔氏可师。首阳：山名，
在今山西永济市南，伯夷、叔齐因周灭商，以臣弑君，举世混
浊，羞与共处，遂隐此山采薇而食，因饿死山中。 ⑪中平：
灵帝年号。 ⑫韩融：字元长，少能辨理，不为章句学，声名
甚盛。陈纪：字元方，寔之子，有至德。 ⑬董卓废立：见《郑
玄传》"董卓"注。 ⑭公车：见《郑玄传》注。 ⑮卓西
都长安，亦见《郑玄传》"董卓"注。 ⑯大驾：指天子御
驾。 ⑰乱末：乱世末世。

# 臧洪传

臧洪，字子源，广陵射阳人也①。父旻，有干事才。熹平元年②，会稽妖贼许昭起兵句章③，自称"大将军"，立其父生为越王，攻破城邑，众以万数。拜旻扬州刺史④。旻率丹阳太守陈寅击昭⑤，破之。昭遂复更屯结，大为人患。旻等进兵，连战三年⑥，破平之，获昭父子，斩首数千级。迁旻为使匈奴中郎将⑦。洪年十五，以父功拜童子郎⑧，知名太学。

------------------------------

①广陵：后汉郡，郡故城在今江苏扬州江都区东北。射阳：汉县，今废。　　②熹平：见《胡广传》注。　　③会稽：秦置郡，今江苏东部、浙江西部皆其地。句章：汉县，故城在今浙江慈溪境。　　④扬州：汉置州，今江苏、浙江、江西、安徽等省皆有地属之。刺史：在汉其责为督察郡国，犹后世之巡按御史。刺，刺举不法。史，使也。魏晋以都督兼领之，其权益重，犹后世之督抚。隋唐以后，但为太守之互名，犹知府及知州。　　⑤丹阳：汉郡，今江苏、安徽皆有地属之。　　⑥三年：即熹平三年。　　⑦使匈奴中郎将：比二千石，主护南单于。　　⑧幼年颖异而通经者拜为郎，号"童子郎"。

　　洪体貌魁梧①，有异姿。举孝廉，补即丘长②。中平末③，弃官还家，太守张超请为功曹④。时董卓弑帝，图危社稷⑤。洪说超曰："明府历世受恩⑥，兄弟并据大郡⑦。今王室将危，贼臣虎视，此诚义士效命之秋也。今郡境尚全，吏人殷富，若动枹鼓⑧，可得二万人。以此诛除国贼，为天下唱义，不亦宜乎！"超然其言，与洪西至陈留，见兄邈计事⑨。邈先谓超曰："闻弟为郡，委政臧洪，洪者何如人？"超曰："臧洪海内奇士，才略智数不比于超矣。"邈即引洪与语，大异之。乃使诣兖州刺史刘岱⑩、豫州刺史孔伷⑪，遂皆相善。

- - - - - - - - - - - - - - - - - - - - - - - - - - -

①魁梧：魁，大貌；梧，读悟，言其可警悟。　　②即丘：汉县，故城在今山东临沂附近。洪举孝廉为郎，适当选郎补县长，而洪得即丘。长：秦官，所辖不及万户者之称，秩三百石至五百石。　　③中平：见《申屠蟠传》注。　　④功曹：官名，汉为郡属吏，掌选署。　　⑤董卓事略见《郑玄传》注。　　⑥明府：始对于太守之称，渐亦以称县令。　　⑦兄弟并据大郡：谓超为广陵太守，超兄邈为陈留。　　⑧枹（fú）：击鼓杖。　　⑨陈留：见《胡广传》注。邈：字孟卓。　　⑩刘岱：字公山。　　⑪孔伷：字公绪。伷与"胄"同。

　　邈既先有谋约，会超至，定议，乃与诸牧守大会酸枣①。设坛场，将盟，既而更相辞让，莫敢先登，咸共推洪。洪乃摄衣升坛，操血②而盟曰："汉室不幸，皇纲失统，贼臣董卓，乘衅纵害，祸加至尊③，毒流百姓。大惧沦丧社稷④，翦覆四海⑤。兖州刺史岱、豫州刺史伷、陈留太守邈、东郡太守瑁⑥、广陵太守超等，纠⑦合义兵，并赴国难。凡我同盟，齐心一力，以致臣节，陨首丧元⑧，必无二志。有渝此盟⑨，俾坠其命⑩，无克遗育⑪。皇天后土，祖宗明灵⑫，实皆鉴之！"洪辞气慷慨，闻其言者，无不激扬。自是之后，诸军各怀迟疑，莫适先进⑬，遂使粮储单竭，兵众乖散。时讨虏校尉公孙瓒与大司马刘虞有隙⑭，超乃遣洪诣虞，共谋其难⑮。行至河间⑯而值幽、冀交兵⑰，行途阻绝，因寓于袁绍⑱。绍见洪，甚奇之，与结友好，以洪领青州刺史⑲。前刺史焦和，好立虚誉，能清谈。时黄巾群盗处处飙起⑳，而青部殷实，军革尚众。和欲与诸同盟西赴京师，未及得行，而贼已屠城邑㉑。和不理戎警，但坐列巫史㉒，祭祷群神㉓。又恐贼乘冻而过，命多作陷冰丸，以投于河㉔。众遂溃散，和亦病卒。洪收抚离叛，百姓复安。

----------------------------

①酸枣：汉县，当时属陈留郡，故城在今河南延津县北。②操血：犹"歃血"。　③天子居至尊之位，故称天子曰至尊。　④沦：没也。丧：亡也，失也。　⑤翦：灭也。覆：败也。　⑥瑁（mào）：桥瑁也，字元玮。　⑦纠：收也。⑧陨：坠也。元：亦首也。　⑨渝：变也。　⑩俾：使也。

⑪无克遗育：不能遗留成长。　　⑫明灵：明察之神灵。　　⑬適：读如嫡，从。　　⑭校尉为汉之武职，讨虏校尉之一种。公孙瓒：字伯珪，时封蓟为侯。大司马：本三公之一，光武时，改为太尉。董卓迁刘虞为大司马，则其时大司马又与太尉并置焉。刘虞：字伯安，时领幽州牧。公孙瓒被诏讨乌桓，应受虞节制，瓒欲以武力平定辽东及群盗，而虞务以恩信招致之，意各相忤，瓒又阴教袁术执虞子和，故二人有隙。　　⑮难：即指义兵溃散事。　　⑯河间：汉郡名，即今河北献县。　　⑰交兵：公孙瓒以兵侵略冀州。　　⑱袁绍：见《郑玄传》注。　　⑲青州：见《齐武王缜传》注。　　⑳飚（biāo）：暴风。飚起：谓如暴风之忽起。　　㉑屠：多所诛杀。　　㉒巫：女巫。史：祝史。㉓禜（yǒng）：祭名。祷：告事求福。　　㉔陷冰丸，投之冰上，冰即消解。

　　在事二年，袁绍惮其能，徙为东郡太守，都东武阳①。时曹操围张超于雍丘②，甚危急。超谓军吏曰："今日之事，唯有臧洪必来救我。"或曰："袁、曹方穆③，而洪为绍所用，恐不能败好远来，违福取祸。"超曰："子源天下义士，终非背本者也，或见制强力，不相及耳。"洪始闻超围，乃徒跣号泣④，并勒所领，将赴其难。自以众弱，从绍请兵，而绍竟不听之，超城遂陷，张氏族灭⑤。洪由是怨绍，绝不与通。绍兴兵围之⑥，历年不下，使洪邑人陈琳以书譬洪⑦，示其祸福，责以恩义。洪答曰："隔阔⑧相思，发于癙寐。相去步武⑨，而趋舍异规⑩，其为怆恨，胡可胜言！前日不遗，比辱雅况⑪，述叙祸福，公私切至。以子之才，穷该典籍⑫，岂将暗于大道，不达余趣哉？是以损弃翰墨，一无所酬，亦冀遥忖褊心⑬，粗识鄙性。重获来命，援引纷纭，虽欲无对，而义笃其言⑭。仆小人也，本乏志用⑮，中因行役⑯，特蒙倾盖⑰，恩深分厚，遂窃大州，宁乐今日自还接刃乎？每登城临兵，观主人之旗鼓⑱，瞻望帐幄，感故友人周旋，抚弦搦矢⑲，不觉涕流之覆面也。何者？自以辅佐主人，无以为悔⑳；主人相接，过绝等伦。受任之初，志同大事，埽清寇逆，共尊王室。岂悟本州被侵，郡将遘厄㉑，请师见拒，辞行被拘，使洪故君，遂至沦灭。区区微节，无所获申，岂得复全交友之道，重亏忠孝之名乎！所以忍悲挥戈，收泪告绝。若使主人少垂古人忠恕之情，来者侧席，去者克己㉒，则仆抗季札之志㉓，不为今日之战矣。昔张景明登坛喢血，奉辞奔走，卒使韩牧让印，主人得地㉔。后但以拜章朝主，赐爵获传之故，不蒙观过之贷，而受夷灭之祸㉕。吕奉先讨卓来奔，请兵不获，告去何罪，复见斫刺㉖。刘子璜奉使逾时，辞不获命，畏君怀亲，以诈求归，可谓有志忠孝，无损霸道，亦复僵尸麾下，不蒙亏除㉗。慕进者蒙荣，违意者被戮，此乃主人之利，非游士之愿也。是以鉴戒前人，守死穷城，亦以君子之违，不适敌国故也㉘。足下当见久围不解，救兵未至，感婚姻之义㉙，推平生之好，以为屈节而苟生，胜守义而倾覆也。昔晏婴不降志于白刃㉚，南史不曲笔以求存[31]，故身传图像，名垂后世。况仆据金城之固[32]，驱士人之力，散三年之畜以为一年之资[33]，匡困补乏，以悦天下，何图筑室反耕哉[34]？但惧秋风扬尘，伯珪马首南向[35]，张扬、飞燕，旅力作难[36]，北鄙将告倒悬之急，股肱奏乞归之记耳[37]。主人当鉴戒曹辈，反旆退师，何宜久辱盛怒，暴威于吾城之下哉[38]！足下讥吾恃黑山以为救[39]，独不念黄巾之合从邪[40]？昔高祖取彭越于巨野，光武创基兆于绿林，卒能龙飞受命，中兴帝业[41]。苟可辅主兴化，夫何嫌哉！况仆亲奉玺书，与之从事[42]！行矣孔璋！足下徼利于境外，臧洪投命于君亲[43]；吾子托身于盟主，臧洪策名于长安[44]。子谓余身死而名灭，仆亦笑子生死而无闻焉。本同末离，努力，努力，夫复何言！"

----------------------------

①东武阳：汉县，属东郡。东郡郡治本在濮阳，时其地方值荒乱，故都于东武阳。　②雍丘：汉县，故城在今河南杞县。超与兄邈本皆附操，后叛奉吕布，操破布，超将家属屯雍丘，遂被围。　③穆：与"睦"同。　④徒跣：赤足步行。　⑤曹操围攻马超数月，屠之，斩马超及其家。　⑥围东武阳。　⑦陈琳：字孔璋，亦广陵人，时避难冀州，为袁绍典文章。　⑧隔阔：相隔不见。　⑨六尺为步，半步为武，言其近也。　⑩规：图谋。　⑪不遗：犹"不弃"。比：频也。雅况：陈琳来信。　⑫该：博通之意。典籍：犹经籍。　⑬忖：思度。　⑭笃：重也。义笃其言：谓关于义之是非，不得不重其言而剖明答覆之。　⑮志用：用世之志。

⑯行役：即指被使于张超事。　⑰倾盖：行道相遇，并车对语，互相欢洽，两盖相切而下倾；此指为袁绍器重事。　⑱主人：指袁绍，以曾寓于绍故。　⑲搦（nuò）：捉也。　⑳无以为悔：犹内省不疚。　㉑郡将：指张超。　㉒来者侧席而待之，有去者则克己自责，而不责人。　㉓抗：力持之意。季札：春秋时吴王寿梦少子，寿梦以其贤，欲立之，季札不受。后诸兄以次立，欲终使季札即王位，季札卒逃让焉。洪言抗季札之志，谓让而不拒。　㉔张景明：名导。唶：同"歃"；唶血：谓盟者以牲畜之血涂口旁。韩牧：冀州牧韩馥。袁绍避董卓之祸，自洛阳出奔冀州，使景明等说馥，让冀州于绍。　㉕拜章获爵为绍所杀事未详。　㉖吕奉先：即吕布。吕布讨杀董卓，为董卓部将所败，出奔于袁绍，袁绍与共击破张燕兵，吕布从袁绍求益兵，袁绍患忌之，吕布觉，求去，袁绍恐其为己害，夜遣甲士往掩杀之，吕布先出帐，甲士不知，夜半，起入，乱斫吕布床被。㉗公孙瓒列数袁绍罪，有枉害故虎牙将罕刘勋一事，疑刘子璜即勋。奉使：奉帝命使袁绍也。逾时：久稽绍处也。亏除：犹减除，减除其罪。　㉘违：逃亡。不适敌国：言自本国出亡，不适与本国为敌之。袁绍不救张超，则与张超为敌，而张超故臧洪之旧君，依君子违不适敌国之义，臧洪固不可事袁绍。　㉙婚姻事未详。　㉚晏婴：春秋时齐大夫，崔杼弑齐庄公，以戟拘婴颈，剑承婴心，劫使与盟，婴曰："劫吾以刃而失其意，非勇也。"崔杼乃释之。　㉛崔杼既弑庄公，太史书曰："崔杼弑其君。"崔杼杀之，其弟嗣书而死者二人，其弟又书，乃舍之，南史氏闻太史尽死，执简以往，闻既书矣，乃还。　㉜金城：

言城之坚，如同金铸。　　㉝国必有三年之蓄，不然，则国非其国，语见《礼记·王制》。　　㉞筑室反耕：春秋时事，楚围宋，筑室于宋，反兵耕田，示无还意，洪言绍即立意围攻，亦所不计。　　㉟伯珪：公孙瓒字。马首南向：言其举兵南侵。㊱张扬：字稚叔，在上党以兵攻略诸县，众至数千。飞燕：即张燕，性慓悍，捷速过人，军中称为飞燕，始为盗常山，后声势盛大，众至百万，号曰黑山。旅力：众力。　　㊲此句北鄙将有急难，股肱之臣，皆欲请归援救。　　㊳曹辈：犹我曹。言如我曹之反戈相向者正多，当以为鉴戒，退兵自防，不宜久顿吾城之下。　　㊴黑山：见前"飞燕"注。　　㊵董卓既诛，其部将作乱长安，杨奉、董承以献帝还洛阳，中途招故白波贼帅韩暹等为助，白波故黄巾余党，黄巾合从，疑即指此。　　㊶彭越：字仲，秦末，在巨野泽中为盗，项羽既入关，已王诸侯，东归彭城，越众万余无所属，高祖乃使赐越将军印，令击羽。巨野：县名，今属山东。绿林：山名，在湖北当阳。王莽篡前汉，新市王匡等初起兵，藏于此，光武举事，招之与合。龙飞：喻帝王御极。龙飞受命：谓汉高祖。中兴帝业：谓光武帝。　　㊷臧洪玺书与黑山从事未详。　　㊸投命君亲：谓为君亲致命。　　㊹董卓作乱，袁绍奔山东，于渤海起兵，为诸义兵主盟，故臧洪称袁绍为盟主。策名：谓仕宦为臣，名书所臣之策。臧洪陈琳惟托身权奸，不若己之义存君父，勉守臣节。


　　绍见洪书，知无降意，增兵急攻。城中粮尽，外无援救，洪自度不免，呼吏士谓曰："袁绍无道，所图不轨①，且不救洪郡将，洪于大义，不得不死。念诸君无事，空与此祸②，可先城未破，将妻子出。"将吏皆垂泣曰："明府之于袁氏，本无怨隙，今为郡将之故，自致危困，吏人何忍当舍明府去也！"初尚掘鼠，煮筋角，后无所复食，主簿启内厨米三斗，请稍为饘粥③，洪曰："何能独甘此邪？"使为薄糜，遍班士众④。又杀其爱妾，以食兵将。兵将咸流涕，无能仰视。男女七八十人相枕而死，莫有离叛。城陷，生执洪。绍盛帷幔，大会诸将见洪。谓曰："臧洪何相负若是！今日服未？"洪据地瞋目曰："诸袁事汉，四世五公，可谓受恩⑤。今王室衰弱，无扶翼之意⑥，而欲因际会，觖望非冀⑦，多杀忠良，以立奸威。洪亲见将军呼张陈留为兄，则洪府君亦宜为弟，而不能同心戮力⑧，为国除害，坐拥兵众，观人屠灭。惜洪力劣，不能推刃为天下报仇⑨，何谓服乎？"绍本爱洪，意欲屈服赦之，见其辞切，知终不为用，乃命杀焉。洪邑人陈容，少为诸生，亲慕于洪，随为东郡丞。先城未败，洪使归绍。时容在坐，见洪当死，起谓绍曰："将军举大事，欲为天下除暴，而专先诛忠义，岂合天意？臧洪发举为郡将，奈何杀之！"绍惭，使人牵出，谓曰："汝非臧洪畴，空复尔为⑩？"容顾曰："夫仁义岂有常所，蹈之则为君子，背之则为小人。今日宁与臧洪同日死，不与将军同日生也！"遂复见杀。在绍坐者，无不叹息，窃相谓曰："如何一日戮二烈士！"先是洪遣司马二人出，求救于吕布。比还，城已陷，皆赴敌死。

----------------------------

①不轨：出于轨度之外，谓叛逆。　　②与：读如预。
③内厨：臧洪署中之厨。稠曰"馆"，稀曰"粥"。　　④班：
分与之。　　⑤袁氏自绍高祖安至父逢凡四世，安为司徒，安子
敞为司空，敞子汤为太尉，逢即汤子，亦为司空，而逢弟隗为太
傅，故曰四世五公。　　⑥扶翼：扶助翼戴。　　⑦际会：时机
之意。觖：犹"冀"。非冀：非分之事。　　⑧戮力：并力。
⑨叛国负义，为天下罪人，故曰为天下报仇。　　⑩空复尔为：
犹言空复如此何为。

# 陈寔传

陈寔，字仲弓，颍川许人也①。出于单微②。自为儿童，虽在戏弄，为等类所归。少作县吏，常给事厮役③，后为都亭佐④。而有志好学，坐立诵读。县令邓邵试与语，奇之，听受业太学。后令复召为吏，乃避隐阳城山中⑤。时有杀人者，同县杨吏以疑寔，县遂逮系⑥，考掠无实⑦，而后得出。及为督邮，乃密托许令礼召杨吏。远近闻者，咸叹服之。

------------------------------

①许：汉县名，属颍川郡，魏武帝以献帝自洛阳迁都于许，即此地。文帝受汉禅，易名许昌，后废，故城在今河南许昌西南。②出于单微：言累世不贵显。　③常：与"尝"通。给事厮役：为厮役之事。　④都亭佐：亭长下之亭佐。　⑤阳城山：在今河南登封东北。　⑥逮系：追捕而拘囚之。　⑦考掠：考问笞掠。无实：不得实据。

家贫，复为郡西门亭长①，寻转功曹②。时中常侍侯览托太守高伦用吏③，伦教署为文学掾④。寔知非其人，怀檄请见⑤。言曰："此人不宜用，而侯常侍不可违。寔乞从外署⑥，不足以尘明德⑦。"伦从之。于是乡论怪其非举，寔终无所言。伦后被征为尚书，郡中士大夫送至轮氏传舍⑧。伦谓⑨众人言曰："吾前为侯常侍用吏，陈君密持教还，而于外白署。比闻议者以此少之，此咎由故人畏惮强御⑩，陈君可谓善则称君，过则称己者也。"寔固自引愆，闻者方叹息，由是天下服其德。

---------------------------

①秦汉时，十里一亭，亭有长，掌捕劾盗贼。 ②功曹：官名。汉代郡守有功曹史，简称功曹。除掌人事外，得以参与一郡的政务。 ③中常侍：秦置官，得入禁中，惟当以士人为之，至后汉始以宦者充任。 ④郡守所出命曰"教"。文学掾：郡守属官，一郡例有文学守助掾六十人。 ⑤檄：板书，即高伦板书之教。 ⑥从外署：从外白署，若不出于伦者，盖功曹本主选署。 ⑦尘：污。承宦者意旨以用吏，则受人訾议而污明德。 ⑧轮氏：汉置县，属颍川郡，故城在今河南登封西南。 ⑨谓：与"为"同。 ⑩故人：高伦自谓，汉人于门生故吏前，常自称故人。


司空黄琼辟选理剧①，补闻喜长②，旬月，以期丧去官。复再迁，除太丘长③。修德清静，百姓以安。邻县人户归附者，寔辄训导譬解发遣，各令还本司官行部④。吏虑有讼者，白欲禁之⑤。寔曰："讼以求直，禁之理将何申？其勿有所拘⑥。"司官闻而叹息曰："陈君所言若是，岂有怨于人乎⑦？"亦竟无讼者。以沛⑧相赋敛违法，乃解印绶去，吏人追思之。及后逮捕党人⑨，事亦连寔。余人多逃避求免，寔曰："吾不就狱，众无所恃。"⑩乃请囚焉。遇赦得出。灵帝初⑪，大将军窦武辟以为掾属⑫。时中常侍张让权倾天下。让父死，归葬颍川，虽一郡毕至，而名士无往者，让甚耻之，寔乃独吊焉。及后复诛党人⑬，让感寔，故多所全宥。

------------------------------

①理剧：谓治理繁剧之才。　　②闻喜：县名，今属山西省。③太丘：汉所置县，故城在今河南永城县西北。　　④司官：主司之官也，即部郡国从事史，每郡国各一人，主督促文书，举非法，由州辟除，亦谓之州从事。行部：巡行纠察各部也。　　⑤欲禁之者，恐其许告时波及县长。　　⑥拘：禁制之不令控诉。⑦岂有怨于人乎：犹岂尚有怨于人哉，言寔必无怨于人，不虑人之讼。　　⑧沛：后汉国，今江苏、安徽、河南三省中皆有地为所管辖。　　⑨党人：即朋党。　　⑩名人如陈寔，尚肯就狱，则众知被捕亦无大害，不必皇皇逃避，以滋纷扰，皆有恃而无恐矣。　　⑪灵帝：见《郑玄传》注。　　⑫窦武：桓帝窦后之父，字游平。掾属：属官。　　⑬后汉党禁凡二次，桓帝所禁为第一次，见《郑玄传》注。窦武等上疏申理，始赦归诸被捕者，而禁锢其终身；及灵帝建宁中，宦官等又因他事收捕前党，名人如李膺、杜密、范滂等死狱中者百余人，是为党禁第二次。至吕强奏请，其禁始解。

寔在乡闾，平心率物。其有争讼，辄求判正，晓譬曲直，退无怨者。至乃叹曰："宁为刑罚所加，不为陈君所短！"时岁荒民俭，有盗夜入其室，止于梁上。寔阴见，乃起自整拂，呼命子孙，正色训之曰："夫人不可不自勉。不善之人，未必本恶，习以性成，遂至于此。梁上君子者是矣！"盗大惊，自投于地，稽颡归罪。寔徐譬之曰："视君状貌，不似恶人，宜深克己反善。然此当由贫困。"令遗绢二匹。自是一县无复盗窃。太尉杨赐、司徒陈耽①，每拜公卿，群僚毕贺，赐等常叹寔大位未登，愧于先之。及党禁始解，大将军何进、司徒袁隗遣人敦寔②，欲特表以不次之位。寔乃谢使者曰："寔久绝人事，饰巾待终而已③。"时三公每缺，议者归之，累见征命，遂不起，闭门悬车④，栖迟养老⑤。中平四年，年八十四，卒于家。何进遣使吊祭，海内赴者三万余人，制衰麻者以百数⑥。共刊石立碑，谥为文范先生。有六子⑦，纪、谌最贤。

------------------------------

①杨赐：字伯献。陈耽：字汉公。 　②敦：劝。 　③饰巾：以幅巾为饰，不加冠冕，冠冕则登仕籍矣。 　④悬车：悬其车示不再出，后之称致仕者多引之。 　⑤栖迟：谓游息。 ⑥衰麻：同"缞麻"，丧服。寔殁，不特家族持丧，名士亦多制衰麻，以执子孙礼。 　⑦寔六子，纪、夔、洽、谌、休、光。纪见《申屠蟠传》注。谌字季方，亦有至德。

# 吴 祐 传

　　吴祐，字季英，陈留长垣人也①。父恢，为南海太守②。祐年十二，随从到官。恢欲杀青简以写经书③，祐谏曰："今大人逾越五领④，远在海滨，其俗诚陋，然旧多珍怪，上为国家所疑，下为权戚所望⑤。此书若成，则载之兼两⑥。昔马援以薏苡兴谤⑦，王阳以衣囊微名⑧。嫌疑之间，诚先贤所慎也。"恢乃止，抚其首曰："吴氏世不乏季子矣⑨！"及年二十，丧父，居无担石⑩，而不受赡遗。常牧豕于长垣泽中，行吟经书。遇父故人，谓曰："卿二千石子⑪而自业贱事，纵子无耻，奈先君何？"祐辞谢而已，守志如初。

------------------------------

　　①长垣：县名，今属河北省。　　②南海：汉时为郡，在今广东。　　③杀青简者，以火炙简令汗，取其青易书，复不蠹。经书：《尚书》章句。　　④五领：即大庾、始安、临贺、桂阳、揭阳。　　⑤国家所疑，权戚所望：言官斯土者，国家常疑其重载而归，权戚常觊觎之。　　⑥兼两：犹兼车，车有两轮故称两。　　⑦薏苡兴谤：事见《马援传》。　　⑧王阳：前汉王吉，字子阳，好车马衣服，皆甚鲜明，然不蓄财，迁移转徙，所载不过一囊之衣，人皆服其廉而怪其奢。微（yāo）：求也。

⑨季子：吴季札，祐字季英，而又吴姓，故父以为喻。　　⑩担：与"儋"通；一石为石，再石为儋，言人担之。　　⑪祐父恢为太守，太守秩二千石。

后举孝廉①，将行，郡中为祖道②，祐越坛共小史雍丘黄真欢语移时③，与结友而别。功曹④以祐倨，请黜之。太守⑤曰："吴季英有知人之明，卿且勿言。"真后亦举孝廉，除新蔡长⑥，世称其清节。时公沙穆来游太学⑦，无资粮，乃变服客佣，为祐赁舂⑧。祐与语，大惊，遂共定交于杵臼之间。祐以光禄四行迁胶东侯相⑨。时济北戴宏父为县丞⑩，宏年十六，从在丞舍。祐每行园，常闻讽诵之音，奇而厚之，亦与为友，卒成儒宗⑪，知名东夏⑫，官至酒泉太守。

------------------------------

①孝廉：见《郑玄传》注。　　②祖道：见《马援传》注。③坛：封土为之，象山，置路侧，以棘柏等为道路神设其上。雍丘：见《臧洪传》注。黄真，字夏甫。　　④功曹：见《臧洪传》注。　　⑤太守：指冷宏。　　⑥新蔡：县名，今属河南省。　　⑦公沙穆：公沙姓，穆名，字文义。　　⑧赁舂：言为米工。　　⑨光禄四行：光禄勋卿岁以敦厚、质朴、逊让、节俭四行科第诸郎从官，故名。胶东：今山东平度等地。侯：功臣贾复之后，所食惟胶东一县耳。　　⑩济北：汉国，地在今山东。戴宏：字元襄，山东宁阳人。县丞：县中丞官，令长之佐，后以为官名。　　⑪儒宗：儒者之宗师。　　⑫东夏：指东方。

祐政唯仁简，以身率物。民有争诉者，辄闭阁自责，然后断其讼，以道譬之。或身到闾里，重相和解①。自是之后，争隙省息，吏人怀而不欺。啬夫孙性私赋民钱②，市衣以进其父，父得而怒曰："有君如是，何忍欺之！"促归伏罪。性惭惧，诣阁持衣自首。祐屏左右问其故，性具谈父言。祐曰："掾③以亲故，受污秽之名，所谓'观过斯知仁矣'④。"使归谢其父，还以衣遗之。又安丘⑤男子毋丘长与母俱行市，道遇醉客辱其母，长杀之而亡，安丘追踪，于胶东得之。祐呼长谓曰："子母见辱，人情所耻。然孝子忿必虑难，动不累亲。今若背亲逞怒⑥，白日杀人，赦若非义，刑若不忍，将如之何？"长以械⑦自系曰："国家制法，囚身犯之。明府虽加哀矜⑧，恩无所施。"祐问长："有妻子乎？"对曰："有妻未有子也。"即移安丘逮长妻⑨，妻到⑩，解其桎梏⑪，使同宿狱中，妻遂怀孕。至冬尽行刑，长泣谓母曰："负母应死，当何以报吴君乎？"乃啮⑫指而吞之，含血言曰："妻若生子，名之'吴生'，言我临死，吞指为誓，属儿以报吴君！"因投缳而死⑬。

----------------------------

①谓民有词讼，先命三老孝弟喻解之，不解，祐身往和之。
②啬夫：乡官。见《郑玄传》"乡啬夫"注。　　③掾：见《马援传》注。祐以称性。　　④"观过斯知仁"句，《论语》孔子之言。
⑤安丘：县名，今属山东。　　⑥若：汝也；下两"若"字同

义。逞：快也。　⑦械：刑具之在手者。　⑧矜：怜悯。
⑨移安丘，移文书于安丘。　⑩本句"妻"字一本无。　⑪桎
梏：拘罪人之刑具，在足曰"桎"，在手曰"梏"。　⑫啮
（niè）：齿相切以断物。　⑬投缳：以绳为缳，投首其中而自
缢。

　　祐在胶东九年，迁齐相①，大将军梁冀表为长史②。及冀
诬奏太尉李固③，祐闻而请见，与冀争之，不听。时扶风马
融在坐，为冀章草④，祐因谓融曰："李公之罪，成于卿
手。李公即诛，卿何面目见天下之人乎？"冀怒而起入室，
祐亦径去。冀遂出祐为河间相⑤，因自免归家，不复仕，躬
灌园蔬，以经书教授。年九十八卒。长子凤，官至乐浪太
守⑥；少子恺，新息令⑦；凤子冯，鲖阳侯相⑧，皆有名于
世。

------------------------------

　　①齐：汉国名，在今山东。　②梁冀：见《胡广传》注。
长史：见《班超传》注。　③太尉：见《马援传》"三府"
注。冀因李固与争立帝事，心衔之，既免其官，后以有欲立清河
王蒜者，遂诬固与共谋，奏下狱，卒害之。　④章草：草章诬
奏李固。　⑤河间：汉国，即今河北献县。　⑥乐浪：汉
郡，在今河北境。　⑦新息：指马援。马援以战功被封为新息
侯。　⑧鲖阳：汉县，故城在今河南新蔡县东北，光武阴后弟
兴之后，明帝所封也。

# 范 滂 传

　　范滂，字孟博，汝南征羌人也①。少厉清节，为州里所服，举孝廉，光禄四行②。时冀州饥荒，盗贼群起，乃以滂为清诏③使，案察之。滂登车揽辔，慨然有澄清天下之志。乃至州境，守令自知臧污，望风解印绶去。其所举奏，莫不厌塞众议。

----

　　①征羌：汉国，属汝南郡，光武以郡中之当乡县改封来歙。
②光禄四行：见《吴祐传》注。滂举孝廉，为光禄勋主事。
③清诏：汉公卿府之属员，承诏使各州郡以司案察。

　　迁光禄勋主事①。时陈蕃为光禄勋，滂执公仪诣蕃②，蕃不止之③，滂怀恨，投版弃官而去④。郭林宗闻而让蕃曰："若范孟博者，岂宜以公礼格之⑤？今成其去就之名，得无自取不优之议⑥也？"蕃乃谢焉。

----

　　①光禄勋：官名，秦为光禄卿，汉改光禄勋，仍为卿职。主事：掾属，此属光禄勋。范滂为光禄勋主事，在为清诏之前，本段乃追叙之文。　　②公仪：普通参见之仪节。　　③不止之

者，普通属员相待，不特加优礼。　④版：所以署职官氏名，持以上谒者。　⑤公礼：普通之礼节。格：正也。　⑥不优之议：不优容之讥议。

复为太尉黄琼所辟①。后诏三府掾属举谣言②，滂奏刺史二千石权豪之党二十余人。尚书责滂所劾猥多③，疑有私故。滂对曰：“臣之所举，自非叨秽奸暴④，深为民害，岂以污简札哉！间以会日迫促⑤，故先举所急，其未审者，方更参实。臣闻农夫去草，嘉谷必茂；忠臣除奸，王道以清。若臣言有贰，甘受显戮⑥！”吏不能诘。滂睹时方艰，知意不行，因投劾去⑦。

————————————————

①黄琼：见《陈寔传》注。　②举谣言：谓由掾属臧否各州郡，述人民所疾苦，三公听采之，而据以举奏。　③猥：见《马援传》注。　④叨：贪也。　⑤会日：三府掾属会于朝堂之日。　⑥言臣惟壹心铲除奸恶，无故纳人罪之私意。⑦投劾去：投章自劾，弃官而去。

太守宗资先闻其名①，请署功曹②，委任政事。滂在职，严整疾恶。其有行违孝悌，不轨仁义者，皆埽迹斥逐，不与共朝。显荐异节，抽拔幽陋。滂外甥西平李颂③，公族子孙④，而为乡曲所弃，中常侍⑤唐衡以颂请资，资用为吏。滂以非其人，寝而不召。资迁怒，捶书佐朱零⑥。零仰曰：

"范滂清裁⑦，犹以利刃齿腐朽。今日宁受笞死，而滂不可违。"资乃止。郡中中人以下⑧，莫不归怨，乃指滂之所用以为"范党"。

--------------------------------

①宗资：字叔都，时为汝南太守。　　②功曹：见《臧洪传》注。　　③西平：县名，今属河南省。颂：滂姊之子，故曰外甥。　　④公族：王侯之同族。　　⑤中常侍：见《陈寔传》注。　　⑥书佐：主文书之吏，零时为功曹书佐。　　⑦清裁：清峻之丰裁。　　⑧中人：谓常人之资质。

后牢修诬言钩党①，滂坐系黄门北寺狱②。狱吏谓曰："凡坐系皆祭皋陶③。"滂曰："皋陶贤者，古之直臣。知滂无罪，将理之于帝④；如其有罪，祭之何益！"众人由此亦止。狱吏将加掠考，滂以同囚多婴病⑤，乃请先就格⑥，遂与同郡袁忠⑦争受楚毒。桓帝⑧使中常侍王甫以次辨诘，滂等皆三木囊头⑨，暴于阶下，余人在前，或对或否，滂、忠于后越次而进。王甫诘曰："君为人臣，不惟忠国⑩，而共造部党，自相褒举，评论朝廷，虚构无端，诸所谋结，并欲何为？皆以情对，不得隐饰。"滂对曰："臣闻仲尼之言，'见善如不及，见恶如探汤'⑪。欲使善善同其清，恶恶同其污⑫，谓王政之所愿闻，不悟更以为党。"甫曰："卿更相拔举，迭为唇齿，有不合者，见则排斥⑬，其意如何？"滂乃慷慨仰天曰："古之循善⑭，自求多福；今之循

善，身陷大戮。身死之日，愿埋滂于首阳山侧⑮，上不负皇
天，下不愧夷、齐⑯。"甫愍然为之改容，乃得并解桎梏⑰。
滂后事释，南归。始发京师，汝南、南阳士大夫迎之者数千
两⑱。同囚乡人殷陶、黄穆⑲，亦免俱归，并卫侍于滂，应
对宾客。滂顾为陶等曰："今子相随，是重吾祸也。"遂逭
还乡里。初，滂等系狱，尚书霍谞理之⑳。及得免，到京
师，往候谞而不为谢。或有让滂者。对曰："昔叔向婴罪，
祁奚救之，未闻羊舌有谢恩之辞，祁老有自伐之色㉑。"竟
无所言。

------------------------------

①钩：引也。牢修诬言钩党事，见《郑玄传》注。　　②黄
门北寺狱：后汉时所设，主讯将相大臣，以其属于少府黄门北
寺，故名。　　③皋陶：尧舜时臣，为狱官，汉故事，祀皋陶于
廷尉。　　④帝：谓天也。　　⑤婴：缠绕之意；婴病：谓为疾
病所缠。　　⑥格：榜床也。　　⑦袁忠：字正甫，汝南汝阳
（今河南商水）人。　　⑧桓帝：见《胡广传》注。　　⑨三
木：项及手足皆有械。囊头：以物蒙覆其头。　　⑩惟：思也。
⑪探：试探；探汤：谓同恶如探沸汤，手必腐烂，喻不可近。
⑫善善贵能用，恶恶贵能去，同其清，用之也，同其污，去之
也。　　⑬见则：当作"则见"。　　⑭循：当作"修"，下同。
⑮首阳山：见《申屠蟠传》注。　　⑯夷、齐：孤竹君二子伯夷、叔
齐也。　　⑰桎梏：见《吴祐传》注。　　⑱两：车也，参阅《吴祐
传》"兼两"注。　　⑲殷陶，字仲才。黄穆，字子敬。　　⑳霍

谞：字叔智，其理党狱事。　　㉑叔向：姓羊舌，名肸，春秋时晋大夫，以礼让为国。肸弟虎将得罪，肸亦被囚，大夫祁奚方老闻之，急出营救，既免，不见肸而归，肸亦不告免而朝。自伐：自矜其功。


建宁二年，遂大诛党人①，诏下急捕滂等。督邮吴导至县②，抱诏书，闭传舍③，伏床而泣。滂闻之，曰："必为我也。"即自诣狱。县令郭揖大惊，出解印绶，引与俱亡。曰："天下大矣，子何为在此？"滂曰："滂死则祸塞，何敢以罪累君，又令老母流离乎！"其母就与之诀。滂白母曰："仲博孝敬④，足以供养，滂从龙舒君归黄泉⑤，存亡各得其所。惟大人割不可忍之恩，勿增感戚！"母曰："汝今得与李、杜齐名⑥，死亦何恨！既有令名，复求寿考，可兼得乎？"滂跪受教，再拜而辞。顾谓其子曰："吾欲使汝为恶，则恶不可为；使汝为善，则我不为恶。"行路闻之，莫不流涕。时年三十三。

------------------------------

①建宁：灵帝年号。建宁时之大诛党人，即后汉第二次党禁，中常侍侯览家在山阳，残暴百姓，督邮张俭举劾之，俭乡人朱并怨俭，上书告俭等为党，览遂讽有司诬奏第一次所赦党人，李膺、杜密及范滂等皆在其内，于是刊章讨捕。　　②督邮：见《马援传》注。　　③传舍：驿舍。　　④仲博：范滂弟。⑤龙舒：汉侯国，属庐江郡。滂父显，字叔矩，故龙舒侯相，故称龙舒君。　　⑥李、杜：即李膺、杜密。

# 贾 彪 传

　　贾彪，字伟节，颍川定陵①人也。少游京师，志节慷慨，与同郡荀爽齐名②。初仕州郡，举孝廉③，补新息长④。小民困贫，多不养子，彪严为其制，与杀人同罪。城南有盗劫害人者，北有妇人杀子者，彪出案发⑤，而掾吏欲引南。彪怒曰："贼寇害人，此则常理，母子相残，逆天违道。"遂驱车北行，案验其罪。城南贼闻之，亦面缚自首⑥。数年间，人养子者千数，佥⑦曰："贾父所长"，生男名为"贾子"，生女名为"贾女"。

--------------------------------

　　①定陵：见《光武帝纪》注。　②荀爽：颍川颍阴（今河南许昌）人。　③孝廉：见《郑玄传》注。　④新息：见《马援传》注。　⑤案发：案验事发之处。　⑥面缚：缚手于背而面向前。自首：自白其所犯之事于官，不待人举发。　⑦佥（qiān）：皆也。

　　延熹九年，党事起，太尉陈蕃争之不能得①，朝廷寒心，莫敢复言。彪谓同志曰："吾不西行②，大祸不解。"乃入洛阳，说城门校尉窦武、尚书霍谞③，武等讼之，桓帝以此大赦党人④。李膺⑤出，曰："吾得免此，贾生之谋也。"

------------------------------

①党事：即第一次党禁。李膺等既以党事下狱，陈蕃上疏极谏，桓帝不纳，以他事免蕃。　　②彪籍颍川，自颍川至洛阳为西行。　　③城门校尉：汉官，掌京师城门，比二千石。　　④武等讼党事，及桓帝赦党人，见《陈寔传》注。　　⑤李膺：字元礼，历任河南尹司隶校尉，执法不挠。桓帝时，宦官诬以党事，下狱遇赦，及灵帝大捕党人，卒被杀害。

　　先是，岑晊以党事逃亡①，亲友多匿焉，彪独闭门不纳，时人望之②。彪曰："《传》言'相时而动，无累后人'③。公孝以要君致衅④，自遗其咎，吾以不能奋戈相待，反可容隐之乎？"于是咸服其裁正。以党禁锢，卒于家。

------------------------------

①岑晊（zhì）：字公孝，有高才，南阳太守成瑨请为功曹，宛有富贾张汜者，桓帝美人之外亲，以赂遗中官得显位，遂用势纵横，晊劝瑨收捕之，虽遇赦，竟诛杀汜，并收其宗族宾客，杀二百余人，后乃奏闻，中官使汜妻上书讼冤，桓帝大怒，征瑨下狱死，晊逃亡。　　②望：怨望。　　③二语见《左传》。相：视也。④要君：言以强力胁君。君，谓成瑨，即指劝捕张汜事。

　　初，彪兄弟三人，并有高名，而彪最优，故天下称曰："贾氏三虎，伟节最怒！"

# 仇 览 传

　　仇览，字季智，一名香，除留考城人也①。少为书生，淳默，乡里无知者。年四十，县召补吏，选为蒲亭长。劝人生业，为制科令，至于果菜为限，鸡豕有数。农事既毕，乃令子弟群居，还就黉学②。其剽轻游恣者③，皆役以田桑，严设科罚。躬助丧事，赈恤穷寡。期年，称大化④。

------------------------------

　　①考城：县名，今属河南。　　②黉学：即学校，如乡学、县学之类。　　③剽（piāo）：轻捷之意。　　④大化：犹大治。

　　览初到亭，人有陈元者，独与母居，而母诣览告元不孝。览惊曰："吾近日过舍，庐落整顿①，耕耘以时。此非恶人，当是教化未及至耳。母守寡养孤，苦身投老②，奈何肆忿于一朝③，欲致子以不义乎？"母闻感悔，涕泣而去。览乃亲到元家，与其母子饮，因为陈人伦孝行④，譬以祸福之言。元卒成孝子。乡邑为之谚曰："父母何在在我庭，化我鸱枭⑤哺所生。"时考城令河内王涣⑥，政尚严猛，闻览以德化人，署为主簿⑦。谓览曰："主簿闻陈元之过，不罪而化之，得无少鹰鹯之志邪⑧？"览曰："以为鹰鹯，不若鸾凤。"⑨涣谢遣曰："枳棘非鸾凤所栖⑩，百里岂大贤之路⑪？今日太学曳长裾⑫，飞名誉，皆主簿后耳⑬。以一月奉为资⑭，勉卒景行⑮。"

----------------------------------

①庐落：如今人所称院落。　　②投老：垂老；临老。③肆忿：逞其忿心。　　④人伦：伦常之道，如节孝信义等。⑤鸱枭：即鸱枭，鸟类之一种，头大，嘴短而弯曲，如猫头鹰。⑥王涣：一作王奂，字子昌。又作子炳。　　⑦署：置也，立也。　　⑧《左传》："见无礼于君者，如鹰鹯之逐鸟雀也。"涣为政尚猛，闻览不治恶，心非之，故为是言。　　⑨鸾凤为瑞鸟，有圣人出始见，鹰鹯不若鸾凤，犹言尚刑不如尚德。　　⑩枳棘：小树。　　⑪百里：谓小邑，因称一县。　　⑫太学生之袍服，前后摆皆长，故曰长裾。　　⑬皆主簿后：言今在太学之曳长裾而有声誉者，皆不及主簿。　　⑭奉：与"俸"同。　　⑮勉：勖勉。卒：终也，勿中怠也。景行：高明之德行。

览入太学。时诸生同郡符融有高名①，与览比宇②，宾客盈室。览常自守，不与融言。融观其容止，心独奇之，乃谓曰："与先生同郡壤，邻房牖。今京师英雄四集，志士交结之秋，虽务经学，守之何固？"览乃正色曰："天子修设太学，岂但使人游谈其中！"高揖而去，不复与言。后融以告郭林宗，林宗因与融赍剌就房谒之③，遂请留宿。林宗嗟叹，下床为拜。

------------------------------

①符融：字伟明，亦陈留人。　②近邻为比。比宇：言所居相近。　③赍（zī）：持以与人也。刺：署姓名之柬。

览学毕归乡里，州郡并请，皆以疾辞。虽在宴居①，必以礼自整。妻子有过，辄免冠自责。妻子庭谢，候览冠，乃敢升堂。家人莫见喜怒声色之异。后征方正②，遇疾而卒。三子皆有文史才，少子玄，最知名。

------------------------------

①宴居：闲暇无事之时。　②方正：见《郑玄传》注。

# 范 式 传

　　范式，字巨卿，山阳金乡人也①，一名氾。少游太学②，为诸生③，与汝南张劭为友④。劭，字元伯。二人并告归乡里。式谓元伯曰："后二年当还，将过拜尊亲，见孺子焉⑤。"乃共克期日⑥。后期方至，元伯具以白母，请设馔以候之。母曰："二年之别，千里结言，尔何相信之审邪⑦？"对曰："巨卿信士，必不乖违⑧。"母曰："若然，当为尔酝酒⑨。"至其日，巨卿果到，升堂拜饮，尽欢而别。式仕为郡功曹⑩。后元伯寝疾笃，同郡郅君章、殷子徵晨夜省视之⑪。元伯临尽，叹曰："恨不见吾死友！"子徵曰："吾与君章尽心于子，是非死友，复欲谁求？"元伯曰："若二子者，吾生友耳。山阳范巨卿，所谓死友也。"寻而卒。式忽梦见元伯玄冕垂缨屣履⑫而呼曰："巨卿，吾以某日死，当以尔时葬，永归黄泉。子未我忘，岂能相及？"式怳然觉寤⑬，悲叹泣下，具告太守，请往奔丧。太守虽心不信，而重违其情⑭，许之。式便服朋友之服⑮，投其葬日⑯，驰往赴之。式未及到，而丧已发引⑰，既至圹⑱，将窆⑲，而柩不肯进。其母抚之曰："元伯，岂有望邪⑳？"遂停柩移时，乃见有素车白马，号哭而来。其母望之曰：

"是必范巨卿也。"巨卿既至，叩丧言曰："行矣元伯！死生路异，永从此辞。"会葬者千人，咸为挥涕。式因执绋而引㉑，柩于是乃前。式遂留止冢次，为修坟树，然后乃去。

----------------------------

①山阳：汉郡，属兖州。金乡：县名，今属山东。　②太学：见《郑玄传》注。　③诸生：见《胡广传》注。　④汝南：见《郑玄传》注。　⑤孺子：指元伯之子，谓见其子。⑥克期日：严定日期。　⑦相信之审：深信之意。　⑧乖：背也。　⑨酝（yùn）：酿酒。　⑩功曹：见《臧洪传》注。⑪郅（zhì）君章：名恽；殷子徵：名燀，二人与元伯皆汝南人，故曰同郡。　⑫玄冕：礼冠。屣履：见《郑玄传》注。　⑬怆然：不真切貌。　⑭重违：不便违逆。　⑮朋友之服：无服之服也，临丧稍缀凶饰，以表哀意，事毕则已。　⑯投：适也。　⑰引：引布，古谓之绋，所以挽柩车前进者，车行，引布前导，故称发引。　⑱圹：墓穴。　⑲窆（biǎn）：下棺。　⑳望：心有所恋。　㉑绋：引棺索。

后到京师，受业太学。时诸生长沙陈平子亦同在学①，与式未相见，而平子被病将亡，谓其妻曰："吾闻山阳范巨卿，烈士也，可以托死。吾殁后，但以尸埋巨卿户前。"乃裂素为书②，以遗巨卿。既终，妻从其言。时式出行适还，省书见瘞③，怆然感之④，向坟揖哭，以为死友。乃营护平子妻儿，身自送丧于临湘⑤。未至四五里，乃委素书于柩上，哭别而去⑥。其兄弟闻之，寻求不复见。长沙上计掾史到京师⑦，上书表式行状，三府并辟，不应。

------------------------------

①长沙：秦置郡，治所在今长沙。　　②素：白绢。　　③瘗（yì）：谓所埋。　　④怆然：伤感貌。　　⑤临湘：秦县，故城在今湖南长沙市。　　⑥委：弃置。素书：即前平子所遗。委书哭别，意告平子已依言措办。　　⑦汉制，郡国每岁遣吏如京师进会计簿籍，谓之上计。

举州茂才①，四迁荆州刺史②。友人南阳孔嵩③，家贫亲老，乃变姓名，佣为新野县阿里街卒④。式行部到新野⑤，而县选嵩为导骑迎式⑥。式见而识之，呼嵩，把臂谓曰："子非孔仲山邪？"对之叹息。语及平生，曰："昔与子俱曳长裾，游息帝学⑦。吾蒙国恩，致位牧伯⑧，而子怀道隐身，处于卒伍，不亦惜乎！"嵩曰："侯嬴长守于贱业⑨，晨门肆志于抱关⑩。子欲居九夷，不患其陋⑪。贫者士之宜，岂为鄙哉！"式敕县代嵩⑫，嵩以为先佣未竟，不肯去。嵩在阿里，正身厉行，街中子弟，皆服其训化。遂辟公府。之京师，道宿下亭，盗共窃其马，寻问知其嵩也，乃相责让曰："孔仲山善士，岂宜侵盗乎！"于是送马谢之。嵩官至南海太守。

式后迁庐江太守⑬，有威名。卒于官。

------------------------------

①茂才：科目名，见《郑玄传》注。　　②荆州：汉置州，今湖北湖南皆有地属之，三国之吴，以治南郡，后遂专以其地为荆州，明清为府，今废。　　③南阳：见《光武帝纪》注。④阿里：里名。街卒：司扫除道路等事者。　　⑤行部：见《陈寔传》注。　　⑥导骑：导引之骑。　　⑦帝学：即太学。⑧牧伯：州之长官。　　⑨侯嬴：战国时人，为大梁夷门监者，魏公子无忌闻其贤，往厚遗之，嬴不肯受，曰："臣修身洁行数十年，终不以监门困故，受公子财。"　　⑩晨门：孔子弟子仲由所遇之隐者，其名不传，见世乱，不求显达，惟掌晨启门之晨门职。故名曰晨门。肆志：谓得行其志。抱关：守门也。　　⑪孔子因在中国不能行道，欲居九夷，或曰："陋如之何？"子曰："君子居之，何陋之有！"九夷：古时东方之九种民族。亦指其所居之地。　　⑫敕县代嵩：敕令新野县长别以人代嵩之职。⑬庐江：汉郡，当时属扬州，在今安徽。

# 范 冉 传

范冉①，字史云，陈留外黄人也②。少为县小吏，年十八，奉檄迎督邮③，冉耻之，乃遁去。到南阳，受业于樊英④。又游三辅，就马融通经，历年乃还⑤。

----------------------------

①冉：他书多作"丹"。　　②陈留、外黄：皆见《胡广传》注。　　③督邮：见《马援传》注。　　④樊英：字季齐，南阳人，习《易》明经。　　⑤范冉游学南阳、三辅等地，十三年乃归，至家人不识。

冉好违时绝俗，为激诡之行①。常慕梁伯鸾、闵仲叔之为人②。与汉中李固、河内王奂亲善③，而鄙贾伟节、郭林宗焉④。奂后为考城令⑤，境接外黄，屡遗书请冉，冉不至。及奂迁汉阳太守⑥，将行，冉乃与弟协步赍麦酒，于道侧设坛以待之⑦。冉见奂车徒骆驿，遂不自闻，惟与弟共辩论于路。奂识其声，即下车与相揖对。奂曰："行路仓卒，非陈契阔之所⑧，可共到前亭宿息，以叙分隔。"冉曰："子前在考城，思欲相从，以贱质自绝豪友耳。今子远适千里，会面无期，故轻行相候，以展诀别。如其相追，将有慕贵之讥矣。"便起告违⑨，拂衣而去。奂瞻望弗及，冉长逝不顾。

------------------------------

①激诡：违俗立异之意。　　②梁伯鸾：名鸿，后汉初年时人，尚节介，博览无所不通，隐居不仕。闵仲叔：名贡，世称节士，建武中，被辟，以不见用，投劾去。　　③汉中：秦置郡，当时地域，今陕西、湖北皆有地属之。李固：字子坚，与《吴祐传》中之李固为二人，盖本传之李固，别为一人，亦字子坚，而非汉中籍，作者以冉遗令所引，其姓字皆与太尉李固同，不加深察，径举太尉之汉中李固以实之，殊误。　　④贾伟节：即贾彪，前有传。　　⑤奂令考城，见《仇览传》。　　⑥汉阳：后汉郡，地在今甘肃，郡治冀，故城在今甘谷县南。　　⑦坛：见《吴祐传》注。　　⑧契（qiè）阔：疏隔之意。　　⑨违：离也。

桓帝时①，以冉为莱芜长②，遭母忧，不到官。后辟太尉府③，以狷急不能从俗，常佩韦于朝④。议者欲以为侍御史⑤，因遁身逃命于梁沛之间⑥，徒行敝服，卖卜于市⑦。遭党人禁锢⑧，遂推鹿车⑨，载妻子，捃拾自资⑩。或寓息客庐⑪，或依宿树荫。如此十余年，乃结草室而居焉。所止单陋，有时粮粒尽，穷居自若，言貌无改。闾里歌之曰："甑中生尘范史云，釜中生鱼范莱芜⑫。"及党禁解，为三府所辟，乃应司空命。是时西羌反叛，黄巾作难，制诸府掾属，不得妄有去就。冉首自劾退，诏书特原不理罪⑬。又辟太尉府，以疾不行。

------------------------------

①桓帝：见《胡广传》注。　　②莱芜：汉县，故城在今山东淄川县东南，今山东莱芜县，则唐所置，为汉嬴县，非汉故莱芜地。　　③太尉：见《马援传》"三府"注。　　④韦：皮革之制成而柔软者，战国时，西门豹性急，常佩韦以自缓。　　⑤侍御史：官名，秩六百石，掌察举非法。　　⑥梁、沛：皆地名，梁在今河南，沛在今江苏。　　⑦冉因屡空，又不治生，以卜筮之术，可由吉凶道治民情以受薄偿，且无咎累，乃卖卜于市，为人所觉，辄去。　　⑧禁锢党人事，见《郑玄传》注及《陈寔传》注。　　⑨鹿车：窄小之车。　　⑩捃（jūn）：亦拾也。捃拾：谓拾取遗弃之谷粒。　　⑪客庐：供旅客投宿的处所。⑫釜中生鱼：言久不作炊。　　⑬宥罪曰"原"。

中平二年①，年七十四，卒于家。临命遗令敕其子曰："吾生于昏暗之世，值乎淫侈之俗，生不得匡世济时②，死何忍自同于世！气绝便敛，敛以时服，衣足蔽形，棺足周身，敛毕便穿③，穿毕便埋。其明堂之奠④，干饭寒水，饮食之物⑤，勿有所下。坟封高下，令足自隐⑥。知我心者，李子坚、王子炳也⑦。今皆不在⑧，制之在尔⑨，勿令乡人宗亲有所加也。"于是三府各遣令史奔吊⑩。大将军何进移书陈留太守⑪，累行论谥⑫，佥曰："宜为贞节先生⑬。"会葬者二千余人。刺史郡守各为立碑表墓焉⑭。

------------------------------

①中平：见《臧洪传》注。　　②匡：救正。　　③穿：凿土。
④明堂：神明之堂，谓圹中也。　　⑤干：与"乾"通。　　⑥聚
土曰封，故冢谓之封。隐：谓人立可隐肘。　　⑦李子坚、王子
炳：见上。　　⑧不在：不在此也。　　⑨制：裁断。　　⑩令
史：官名，此处则三府属官。　　⑪陈留太守：姓淳于。　　⑫累
行：积集其事行。　　⑬谥法：清白守节曰贞，好廉自克曰节。
⑭立碑表墓：为文刊碑立墓前以表彰其人。

# 严 光 传

　　严光，字子陵，一名遵，会稽余姚人也①。少有高名，与光武同游学。及光武即位，乃变名姓，隐身不见。帝思其贤，乃令以物色访之②。后齐国③上言"有一男子，披羊裘钓泽中"。帝疑其光，乃备安车玄𫄸④，遣使聘之；三反而后至。舍于北军⑤，给床褥，太官朝夕进膳⑥。司徒侯霸与光素旧⑦，遣使奉书。使人因谓光曰："公闻先生至，区区欲即诣造⑧。迫于典司⑨，是以不获。愿因日暮，自屈语言。"光不答，乃投札与之⑩，口授曰："君房足下：位至鼎足⑪，甚善。怀仁辅义天下悦，阿谀顺旨要领绝⑫。"霸得书，封奏之。帝笑曰："狂奴故态也。"车驾即日幸其馆。光卧不起，帝即其卧所，抚光腹曰："咄咄子陵⑬！不可相助为理邪⑭？"光又眠不应，良久，乃张目熟视，曰："昔唐尧著德，巢父洗耳⑮。士故有志，何至相迫乎！"帝曰："子陵，我竟不能下汝邪？"于是升舆叹息而去。

------------------------------

　　①会稽：秦置郡，今江苏、浙江皆有地属之，治今江苏苏州。余姚：县名，今属浙江。　②物色访之：谓以形貌求之；后因称察访人物为物色。　③齐国：见《齐武王缜传》"齐"

注。　　④玄纁：皆币也，色有玄有纁，纁三入而成，再染以黑则为緅，又再染以黑则为缁，玄色在緅缁之间。　　⑤北军舍：待诏上书人所止。　　⑥太官：汉置官，属少府，掌饮御食。⑦侯霸：字君房。　　⑧区区：寸心之意。　　⑨迫：忙迫。典司：职守。　　⑩古无纸，文字书于小木简，谓之札。　　⑪鼎有三足，故称三公为鼎足。　　⑫怀仁辅义：以仁为念，以义助。要：同"腰"。领：颈项之总名。要领绝：身首分裂，谓不保其生命。光武于大臣少容忍，其时公相，率多阿顺之徒，光为此言，所以开广帝心，勉励臣节。　　⑬咄咄：嗟叹声。　　⑭理：犹治。⑮唐尧：古圣帝，陶唐氏，名尧，号放勋。巢父：当时隐者，参阅《申屠蟠传》"巢栖"注。尧聘许由为九州长，许由不受，洗耳于河，巢父见而问得其故，乃曰："吾欲饮牛，毋污牛口！"牵牛至上流而饮之，此直言巢父洗耳，盖借用许由事。


　　复引光入，论道旧故，相对累日。帝从容问光曰："朕何如昔时？"对曰："陛下差增于往。"因共偃卧①，光以足加帝腹上。明日，太史奏客星犯御座甚急②，帝笑曰："朕故人严子陵共卧耳。"除为谏议大夫③，不屈，乃耕于富春山，后人名其钓处为严陵濑焉④。

　　建武十七年⑤，复特征，不至。年八十，终于家。帝伤惜之，诏下郡县赐钱百万，谷千斛。

-----------------------------

　　①仰而倒曰"偃"。　　②太史：掌天文占候。客星：星之

不习见而忽现者。御座：帝座星。 ③谏议大夫：官名，掌议论，秩六百石。 ④富春山：在浙江桐庐西，前临富春江，江侧有滩，即严陵濑。 ⑤建武：光武年号。

# 乐羊子妻

河南乐羊子之妻者①，不知何氏之女也。羊子尝行路，得遗金一饼，还以与妻，妻曰："妾闻志士不饮盗泉之水②，廉者不受嗟来之食③，况拾遗求利，以污其行乎！"羊子大惭，乃捐金于野，而远寻师学。一年来归，妻跪问其故。羊子曰："久行怀思，无它异也。"妻乃引刀趋机而言曰："此织生自蚕茧，成于机杼，一丝而累，以至于寸，累寸不已，遂成丈匹。今若断斯织也，则捐失成功，稽废时月④。夫子积学，当日知其所亡⑤，以就懿德⑥。若中道而归，何异断斯织乎？"羊子感其言，复还终业，遂七年不反。

----------------------------

①河南：汉郡，治洛阳县（今洛阳市东北）。　②盗泉：在山东泗水县东北；孔子过之恶其名，虽渴不饮。　③齐大饥，黔敖为食于路，以待饿者，旋一饿者来，黔敖奉食招之曰："嗟！来食！"饿者扬其目曰："余惟不食嗟来之食以至于斯也！"黔敖从而谢焉，饿者终不食而死。　④稽：延留之意。⑤亡：同"无"。"日知其所亡，月无忘其所能。"孔子语。⑥就：成就。懿德：美德也。

　　妻常躬勤养姑，又远馈羊子。尝有它舍鸡谬入园中，姑盗杀而食之，妻对鸡不餐而泣。姑怪问其故。妻曰："自伤居贫，使食有它肉。"姑竟弃之。后盗欲有犯妻者，乃先劫其姑。妻闻，操刀而出。盗人曰："释汝刀！从我者可全，不从我者，则杀汝姑。"妻仰天而叹，举刀刎颈而死。盗亦不杀其姑。太守闻之，即捕杀贼盗，而赐妻缣帛①，以礼葬之，号曰"贞义"。

----------------------------

　　①缣：重绢而色微黄者。帛：丝织物。

# 董 祀 妻

　　陈留董祀妻者，同郡蔡邕①之女也，名琰②，字文姬。博学有才辩，又妙于音律。适河东卫仲道③。夫亡，无子，归宁④于家。兴平⑤中，天下丧乱，文姬为胡骑⑥所获，没于南匈奴左贤王，在胡中十二年，生二子。曹操素与邕善，痛其无嗣，乃遣使者以金璧赎之，而重嫁于祀。

--------------------------------

　　①蔡邕：陈留围人。　　②琰：音 yán。　　③河东：秦置郡，地在今山西。　　④女子既嫁而归曰"归宁"。　　⑤兴平：献帝年号。惟案下文姬诗词，董卓逼主，遣将四出侵掠，均系献帝初元初平年间事，而文姬没于匈奴，亦当在灵帝崩后匈奴寇略河内诸郡时，故兴平恐系初平之误。　　⑥胡骑：疑指卓部下侵掠之兵，盖文姬归宁，未及抵家，中途被掠于卓骑，旋又流落匈奴。

　　祀为屯田都尉①，犯法当死，文姬诣曹操请之。时公卿名士及远方使驿坐者满堂，操谓宾客曰："蔡伯喈女在外，今为诸君见之。"及文姬进，蓬首徒行②，叩头请罪，音辞清辩，旨甚酸哀，众皆为改容。操曰："诚实相矜，然文状已去，奈何？"文姬曰："明公厩马万匹，虎士成林③，何惜疾足一骑，而不济垂死之命乎！"操感其言，乃追原祀罪④。时且寒，赐以头巾履袜。操因问曰："闻夫人家先多坟籍⑤，犹能忆识之不？"文姬曰："昔亡父赐书四千许卷，流离涂炭，罔有存者。今所诵忆，裁四百余篇耳。"操曰："今当使十吏就夫人写之。"文姬曰："妾闻男女之别，礼不亲授。乞给纸笔，真草唯命。"于是缮书送之，文无遗误。

后感伤乱离，追怀悲愤，作诗二章……

----------------------------

①屯田都尉：都尉官之掌屯田事者。　②不乘车者谓之徒行，此处盖徒跣，谓不履袜，故下有赐履袜之事。　③虎士：犹勇士。　④原：见《范冉传》注。　⑤坟籍：古书籍。